無一우학
설법대전

(2)

無一우학
說法大典
(2)

| 도서출판 | 우리절 **한국불교대학 大관음사** |
| 좋은인연 | **유튜브불교대학** 자매채널 비유디 |

설법대전을 내면서

나무 불법승(佛法僧)

먼저, 이 책을 인연하시는 모든 분들의 행복을 기도 축원드립니다.

저는 요즘 무문관 정진 중입니다만, 일주일에 한 번씩 유튜브를 통해 생활법문을 녹화하고 있습니다. 전대미문의 코로나 팬데믹(pandemic)으로 불교대학의 정규 강의와 정기 법회가 중단된 상태에서 궁여지책으로 생각한 것이 유튜브불교대학 운영이었습니다. 다행히 부처님 가피로, 애초 5천 명의 구독자로 출발하였으나, 만 2년이 되지 않아서 10만 명의 구독자를 확보함으로써 유튜브를 통해서나마 국내외 불자(佛子)님들과 소통할 수 있게 되었습니다.

저는 1992년 전세 포교당에서 한국불교대학 大관음사를 열면서 창건 이념과 3대 지표를 세웠습니다. 그 창건 이념은 "바른 깨달음의 성취와 온 세상의 정토 구현"입니다. 그리고 사찰의 3대 지표는 "근본 불교, 세계 불교, 첨단 불교"입니다. 그런데 이 창건 이념과 3대 지표가 유튜브라는 매체를 통하여 구현할 수 있게 되었으니, 코로나로 인해 대면 포교가 어려워진 상황 속에서도 크게 다행스러운 일이 아닌가 생각합니다. 참으로 전화위복입니다.

제가 본격적으로 '유튜브 생활법문'을 준비하고 점검하면서 크게 놀란 것은 시청자 연령대의 70%가 50세 이상이라는 사실입니다. 그래서 젊은 불자를 염두에 두고 전법(轉法)의 빛깔과 방향에서 고민을 하기도 하였습니다. 이 책을 인연하시는 분들께서는 그러한 점들을 유심히 살펴주시길 바랍니다.

지금은 바야흐로 유튜브라는 매체를 무시하고는 불교 포교가 어려운 시절에 살고 있습니다. 유튜브불교대학 생활법문을 하면서 저는 '법문의 현대화'를 잊지 않고 있습니다.

좋은 법문은 진리적인 것을 설하여, 이를 체험케 하는 것입니다. 그 진리적이라는 것이 현실적이라야 합니다. 그렇지 않으면 허공에 구름 잡는 얘기가 되고 맙니다. 더 나아가 현실적인 것은 생활적이 되어야 합니다. 그래서 제 법문의 특징은 생활 속에서 응용되고, 생활 속에서 행복을 찾도록 가르칩니다. 어쨌든, 제 법문의 의도가 어느 정도는 시청자들에게 먹히는 것 같아 다행스럽게 생각합니다.

독자 여러분, 그리고 유튜브불교대학 시청자 여러분! 우리 불교 인구가 많이 줄고 있습니다. 불교 포교의 큰 대안 중 하나가 유튜브를 통한 포교입니다. 제가 늘 말씀드리듯이 100만 구독자가 생기면, 미국 뉴욕의 맨해튼에 한국인이 세우는 최초의 '한국명상센터'가 들어설 것이라고 확신합니다. 이 책이 그런 면에서 크게 도움이 되기를 바라 마지않습니다.

이 유튜브를 통한 생활법문은 제 수행의 일부라고 생각하고 언제까지라도 해 나갈 것입니다. 그리하여 그때그때 정리한 원고를 모아 '無一우학 설법대전' 시리즈로 출간하겠습니다. 우리 독자 및 시청자들께서는 시리즈 전권을 소장하는 재미를 붙여 보시길 바랍니다. 아마 수년 내에 200, 300권이 될 것입니다.

불교를 진정으로 아껴 주시는 불자 여러분!
'無一우학 설법대전'이 불교 가정 가정마다 놓여질 수 있도록 관심 부탁드립니다. 주위에 많이 알려 주시고 법보시(法布施) 해 주시면 감사하겠습니다.
다른 기회에 또 뵙도록 하겠습니다.
관세음보살

> 무일선원 무문관에서
> 無一 우학 합장

설법대전(2) 목차

16
부처님 진신사리, 사리 신앙 / 13

17
낙태 영가 천도 / 25

18
신묘장구대다라니의 영험 / 37

19
불자의 고기 먹는 문제 ※ / 53

20
기도 축원에 대하여 / 63

21
참회기도 / 77

22
작명, 개명에 대하여 ※ / 91

23
절 생활의 기본, 은퇴자 출가에 대하여 / 101

24
화엄성중, 신장이 지켜 준다 / 113

25
악몽 해결, 꿈에 대하여 / 127

26
집에서 제사를 지내지 않으려면 ※ / 137

27
금강경에 대해, 왜 금강경인가? / 147

28
머리카락으로 붓을 만들어 사경하다 / 159

29
하필이면 왜 불교인가? / 173

30
기도의 힘 / 185

31
불자들의 편지 예법 / 197

32
불교식의 꿀잠 자는 법 / 213

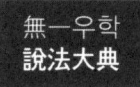

16
부처님 진신사리
사리 신앙

2020. 03. 16. 세계명상센터 보은전

 관세음보살. 유튜브불교대학 시청자 여러분, 반갑습니다. 오늘은 '사리신앙'에 대해서 말씀드리겠습니다.

부처님의 법체(法體) 또는 스님들의 몸에서 나오는 신비스러운 구슬을 사리라 합니다. '진신사리' 또는 '연골사리' 이렇게 말합니다. 부처님께서는 열반에 드시면서 여덟 섬 너 말(8섬 4말)의 사리를 남기셨습니다. 부처님께서는 몸 자체가 사리였다고 보면 됩니다. 당시에 '드로나' 또는 '향성(香姓)'이라는 비구가 사리를 여덟 나라로 골고루 나누었습니다. 귀한 사리를 서로 가지려고 험악한 분위기가 조성될 뻔했으나 현명한 향성 비구가 그것을 잘 분배한 덕에 그런 불상사를 막았다고 합니다.

200년 후 '아소카'라는 대왕이 나타나 여덟 나라에 세워진 사리탑을 대부분 다 헐고, 인도 전역에 8만 4천개의 사리탑을 흩어서 다시 모셨습니다. 아소카 대왕이 아주 대단한 일을 한 것입니다. 그런데 후일 이슬람 사람들, 무슬림들이 쳐들어와서 이 사리탑들을 훼손합니다.

당시에 절을 지키고 있었던 스님들이 "사리만큼은 절대 훼손되어서는 안 된다."라며 사리를 들고 스리랑카, 미얀마 등으로 많이 피신했습니다. 그렇게 8만 4천 개의 사리탑이 무슬림에 의해 많이 헐리면서 그 사리들이 일부는 스리랑카로, 일부는 미얀마 쪽으로 옮겨가면서 남방 지역 쪽으로 부처님 사리가 많이 모이게 됐습니다. 그래서 요즘 다녀보면 큰 절마다 '이것은 부처님 사리다' 하며 모셔 놓는 수가 많은데, 대부분 남방에서 들어 온 사리입니다.

한국불교대학 大관음사 대구큰절 대웅전 5층 법당을 적멸보궁이라고 전각 이름을 붙여놓았습니다. 그곳에는 부처님 사리 10과가 모셔져 있습니다. 그래서 원불(願佛) 이외에 달리 큰 부처님을 모시지 않고 사리탑만, 사리만 모시고 있습니다. 미얀마의 보디따따웅이라는 절로부터 기증받은 사리인데, 大관음사 대웅전 낙성식을 기념해서 우리절에 기증한 사리입니다. 1998년쯤에 미얀마에 직접 가서 사리를 모시고 왔습니다.

그리고 최근에 또 특별히 사리를 모셨습니다. 제가

완전히 폐문하고서 정진했던 3년의 안거가 다 끝나갈 즈음, 유튜브 촬영 장소인 보은전의 낙성식을 겸해서 모셔 온 사리입니다. 스리랑카에서 모셔왔습니다.

그 인연은 한국불교대학 大관음사와 스리랑카의 마하메우나라고 하는 절의 스님들과 교류가 있었던 덕분입니다. 그 절의 스님들이 자기 은사 스님, 교단의 책임자에게 "한국불교대학 大관음사에 사리를 한 과 기증합시다."라고 얘기를 잘해준 덕분에 모실 수 있게 된 겁니다.

현재 제가 거주하고 있는 감포도량의 보은전에 와 보시면 상단에 빨간 천이 덮여 있고, 그 위에 함이 있는 것을 보실 수 있습니다. 그 함이 사리가 남신 사리힘입니다. 사리함 역시 스리랑카에서 직접 가지고 온 사리함입니다. 그 안에 사리가 한 과 모셔져 있습니다. 그때 받은 기증서에는 "인도 쿠시나가르에서 열반에 드신 부처님 진신사리를 스리랑카 마하메우나와 인연이 깊은 한국불교대학 大관음사에 기증합니다."라고 되어있습니다. 나중에 감포도량에 오시게 되면 한번 보시기 바랍니다.

문제는 마음, 마음으로 지극정성을 다하라

그러면 이 사리의 특징에 대해 살펴보겠습니다.

첫째, 사리는 깨어지지 않습니다.

사리는 1,000톤의 무게로 짓눌렀을 때도 깨어지지 않는다고 합니다. 이 말을 증명하는 아주 좋은 예가 한국불교대학 大관음사 대구큰절에 부처님 진신사리를 모시던 날 있었습니다.

대구큰절 5층 적멸보궁에 사리가 모셔진 곳은 돌로 된 밑판을 깔고 밑판 위에 사리를 모신 후, 그 위에 다시 둥근 반구 모양의 큰 돌을 얹어 놓은 형태입니다. 사리가 모셔진 밑판 위로 덮여 있는 반구는 그 속이 파여 있는 상태이며, 반구 속에 전깃불을 넣어 안쪽을 환하게 밝혀 두었고, 반구의 바깥 표면에는 다시 손톱만 한 크기의 작은 구멍을 뚫어 눈으로 사리를 직접 볼 수 있도록 안팎으로 장치해 두었습니다. 즉 바깥에서 그 구멍을 통해 속을 들여다보면 그 안에 있는 부처님 사리가 보이도록 장치되어 있습니다.

이러한 장치를 하던 날의 일입니다. 돌로 된 밑판 위에 부처님 사리를 올려놓고, 마지막으로 사리 위를 덮을 반구 형태의 큰 돌을 올릴 차례였습니다. 밤 9시쯤 한 열 분 이상의 장정 거사님들이 목도를 했습니다. 사리 위를 덮을 그 돌은 너무나 무거웠기 때문에 두세 사람으로는 어림도 없었습니다. 열 분 정도의 거사님들이 힘을 합쳐 목도를 해서 사리를 지나 정확하게 딱 앉혀야 하는 그런 작업이었습니다.

   그런데 중간쯤 가다가 돌이 툭 떨어졌습니다. 사리를 정통으로 때린 것입니다. 반구로 된 화강석을 단단히 매야 하는데 단단히 매지 않았던 모양입니다. 아무튼 사리를 정통으로 떨어졌으니 큰일이 났습니다. 그 주위에 있던 신도들이 괴성을 지르면서 "이제 큰일 났다. 사리다 부서졌다." 하고 막 난리 법석이었습니다. 만약 일반 구슬 같으면 100퍼센트 깨졌을 것입니다. 하지만 저는 사리는 깨지지 않는다는 믿음을 가지고 있었기 때문에 '깨어지기야 했겠나? 깨지진 않았을 것이다' 라는 믿음으로 침착하게 다시 일을 진행시켰습니다. 자키를 동원하는 등 여러 방법으로 겨우 반구의 돌을 다시 들어 올렸습니다.

그런데 정말 기적 같은 일이었습니다. 정말로 사리가 전혀 손상되지 아니하고 그대로 있는 겁니다. 참 대단한 기적이었어요. 그제야 신도님들이 "그러면 그렇지, 사리가 깨질 턱이 있나!" 하셨습니다. 그러면서 "우리가 의심을 했구나."라고 했습니다. 다시 말해 '2500년, 3000년 전의 부처님 사리가 어찌 우리절까지 왔겠어? 이 사리가 그때의 진짜 사리는 아닐 것이다' 하는 의심을 했다는 것입니다.

다녀보면 사리를 모신다며 사리 모시는 의식을 하기도 합니다. 그러면 다들 많은 의심을 합니다. '진짜 부처님 사리일까?' 이렇게 말이지요. 그래서 저는 그 일이 '그런 의심의 소지, 의심하는 불자들의 마음을 없애 주려고 일부러 신장들이 신통을 부린 것이 아니겠는가?' 라는 생각을 했습니다. 일부러 돌을 떨어뜨려서 사리를 정통으로 때리게 한 것이 아닌가 싶습니다.

아무튼 사리는 깨지지 않는다는 것을 우리 많은 신도님들이 직접 보고 크게 신심이 일어난 사건이었습니다.

둘째, 사리는 물이 범접하지 않습니다. 사리를 접시

에 담았을 때 물이 범접하지 않습니다.

셋째, 사리는 화학약품에 절대로 변화를 일으키지 않습니다.

넷째, 사리는 오색이 영롱합니다. 그리고 표면이 매끌매끌합니다. 꺼칠꺼칠하지 않습니다.

한 30년도 넘게 된 일입니다. 한번은 택시를 탔더니 택시 기사가 "스님, 사리라는 것이 혹시 결석은 아닙니까?"라고 하는 것이었습니다. 그렇게 보는 사람도 없잖아 있는 것 같습니다. 그런데 결석이 아닙니다.

1994년쯤 통도사 선방에서 제가 하안거를 지내는데, 새벽 정진 시간에 바로 옆에 앉은 스님이 배가 아프다며 난리가 났어요. 그 스님은 곧바로 병원으로 이송되었습니다. 한 12시쯤 그 스님이 병원에서 나와 다시 올라왔습니다. 와서는 손에 하나 들고 있는 것을 보여주면서 "이거다." 그랬습니다. 보니까 그게 결석이었습니다. 아마도 소변으로 그 결석이 빠진 모양입니다. 제가 그걸 만져 보니 겉은 거칠거칠하였고 손톱으로 누르니까 좀 들어갔습니다.

결석과 사리는 천지 딴판입니다. 우리 불자들은 사리에 대한 믿음이 있어야 합니다. 사리는 표면도 아주 매끌매끌하고 반질반질한 것이 결석과는 차원이 전혀 다릅니다.

그렇다면 "지금까지 5대 적멸보궁이라며 모셔둔 그 사리는 무엇이냐?" 이런 의문을 가지실 수도 있습니다. 그것은 남방에서 들어온 사리가 아닙니다. 지금 들어와서 모셔지는 대부분의 사리는 미얀마, 스리랑카 등 남방에서 최근에 모셔진 사리입니다. 이에 비해 아주 오랜 옛날 자장율사께서 중국에서 모셔온 사리는 북방에서 모셔온 것입니다. 그때 사리를 모신 다섯 개 도량이 있으니, 그 절을 5대 적멸보궁이라 합니다.

5대 적멸보궁은 우리가 익히 들어서 잘 알 것입니다. 사자산 법흥사, 태백산 정암사, 오대산 중대 사자암, 설악산 봉정암, 영축산 통도사 이렇게 5대 적멸보궁입니다. 이를 전통적인 사리탑 도량이라 합니다.

그렇다면 우리는 사리에 대해서 어떠한 마음을 가져

야 하나? 즉, 사리를 대하는 불자들의 마음은 어떠해야 하는가를 생각하지 않을 수 없습니다.

불자라면 사리는 부처님처럼 생각해야 합니다. 부처님을 모시듯이 정성껏 모시되, 사리에 대해서 지나친 집착을 하실 이유는 없습니다. '사리가 없는 절은 어떻게 하느냐?'라고 할 수도 있습니다만, 그러실 필요가 전혀 없습니다. 다만 사리가 모셔져 있는 곳에 가면 부처님 모시듯이, 부처님께 예경 하듯이, 아주 정성껏 하셔야 합니다. 가짜 사리가 있을 리도 없지만 설령 그것이 가짜라 할지라도 우리는 정성껏 해야 합니다. 그러면 그것이 다 자기 살림에 도움이 됩니다.

진짜를 두고도 의심하는 마음이 있다면, 그 진짜 사리가 무슨 소용이 있겠습니까? 문제는 내 마음입니다. 그러니까 내 마음으로 지극정성을 다하시라는 것입니다.

'어디 부처님 사리 친견 법회가 있다' 또는 '부처님 사리가 있다' 해서 그곳에 갔다면, 이왕 친견할 때는 털끝만큼이라도 의심하는 마음을 내지 마십시오. 의심하는 마음 없이 부처님 뵈옵듯이 아주 정성껏 마음을 모아서 부처님 사리를 친견한다면, 그것은 아주 큰 공덕이 됩니다. 불자님들은 부처님 사리에 대한 이 신앙을 긍정적으로 가지시면 좋겠습니다.

제가 이것을 재삼 중복하여 말씀드리는 것은 어느 절에서 사리 친견 법회를 한다 또는 사리를 모신다고 하면 다들 반신반의합니다. '세월이 벌써 얼마나 지났는데, 도대체 사리가 얼마나 많았기에 이 절까지 왔겠어?' 이렇게 의심합니다. 그렇게 불신하는 마음은 부처님 마음이 아닙니다. 우리는 부처님 제자로서 부처님 마음을 갖고 살아가야 합니다. 간절하게 부처님을 사모하는 마음, 부처님을 예경 하는 마음만 있다면 앞에 모셔진 사리가 진짜이든 가짜이든 그 불자에게는 대단한 신통력을 발휘하는 사리 신앙의 힘이 될 것입니다.

우리는 긍정적인 마음, 늘 부처님 향한 간절한 신심을 바탕으로 신행 활동을 해야겠습니다.

내일 다시 뵙겠습니다.
관세음보살

無一우학
說法大典

17
낙태 영가 천도

2020. 03. 17. 세계명상센터 보은전

관세음보살. 유튜브불교대학 시청자 여러분, 반갑습니다. 오늘은 특별한 주제를 가지고 말씀을 드리겠습니다. 특별한 주제라 하니 좀 기대가 되지요? 특별한 얘기는 '낙태한 영가'에 대한 이야기입니다.

얼마 전에 제게 편지가 한 통 왔습니다. 요즘 생활법문 덕분에 제게 편지를 보내시는 분들이 더러 계십니다. 오늘은 편지의 질문을 소개하겠습니다.

"관세음보살, 스님 제가 어쩔 수 없이 임신 중절 수술을 하였습니다. 양심의 가책 때문에 잠을 이룰 수 없을 정도로 괴롭습니다. 어떻게 하면 좋겠습니까?"

단도직입적으로 말씀드리면 본인이 잠을 못 이룰 정도라 하니 큰 죄업을 지은 것이 사실입니다. 분명 악업을 지은 것입니다. 그렇다면 지금이라도 다니는 절에 나가서 참회해야 합니다.

먼저 참회하고, 둘째는 천도재를 올려드리는 것이 맞습니다. 7·7재를 다 올리는 것이 좋습니다만, 사정이 여의치 않다면 특별 천도재라 해서 한 번이라도 반드시 지내야 됩니다. 그리고 백중이나 지장재일에 기도를 올리면 좋겠습니다. 영가 이름은 '수자령(水子靈) 영가' 이렇게 많이들 합니다. 이는 일본에서 많이 쓰는 표현으로 '물 수(水)' 자, '아들 자(子)' 자, 수자령 영가라 하여 천도(薦度)를 많이 합니다.

우리나라에서는 광덕 큰스님께서 붙인 영가 이름 '일문유연애혼(一門有緣哀魂)' 영가를 많이 사용하기도 합니다. 일문(一門)은 '하나의 문', '한 가문'이 되었다는 것입니다. 유연(有緣)은 '인연이 있었다'는 뜻이고요. 애혼(哀魂)은 '애달픈 영가'라는 뜻입니다. 다 합쳐서 '일문유연애혼 영가' 이렇게 위패를 쓰면 됩니다.

"스님, 천도재를 지내지 않고 방치하면 어떻게 됩니까?"라고 되묻기도 합니다. 우리가 어리석어서 그 낱낱을 잘 느끼지 못한 채로 지나갈지도 모르겠지만, 낙태 영가, 낙태를 당한 영가 자신도 분명 힘들어할 것입니다. 영가가 힘들어한다는 것은 갈 길을 못 가고 구천을 헤매는 그런 상황이 된다는 것입니다. 그리고 무엇보다도 낙태 영가의 부모인 그 어머니에게 직접적인 안 좋은 일들이 일어날 개연성이 아주 많습니다.

제가 만난 한 신도님의 이야기입니다.

언젠가 제가 백중 재를 지내면서 수자령 영가에 대한 이야기를 한 적이 있습니다. 그랬더니 어느 한 신도 분이 낙태 수술을 자그마치 30번을 했다는 것이었습니다. 나이가 60도 안 된 분이었는데, 30번의 횟수를 말씀하셨습니다. 그래서 그분은 수자령 영가 30위(位)를 올렸습니다. 그때까지만 하더라도 몸이 좀 아프면 그냥 몸이 좀 아픈가 보다 하고 그냥 살았을 것입니다. 하지만 몸이 그렇게 많이 아픈 이유도 다 있습니다. 그래도 다행히 그분은 그 이후에 수자령 영가에 대한 특별 천도재를 따로 지내는 등 빚을 갚기 위한 노력들을 했습니다. 그런데 오래 사시지 못하고 돌아가시는 것을 제가 보았습니다.

이것은 제가 한 보살님의 이야기를 하는 것이긴 하지만 사실 이런 일들이 비일비재합니다. 본인들이 잘 생각해 보셔야 합니다. 수자령 영가가 생기면 낙태한 어머니에게 좋지 않은 일이 있는가 하면, 특히 다른 형제에게 좋지 않은 일이 일어날 가능성이 많다고 말합니다. 이는 수자령 영가가 집착을 하는 것입니다. 수자령 영가, 일문 유연애혼 영가가 집착을 함으로써 태어났다면 형제가 되었을 이에게 좋지 않은 일이 일어나게 한다는 것입니다. 그러므로 태중 사망 영가, 낙태 영가는 안 만드는 것이 상책입니다. 때로 본인의 뜻과 관계없이 임신 중에 사산되는 경우도 있습니다. 그런 경우는 본인의 어떤 의지가 개입되어 있지 않지만 그것도 다 포함하여 일단 낙태 영가는 좋지 않습니다.

이걸 좀 더 교리적으로 깊이 들어가서 말씀드리겠습니다.

불교에서는 늘 모든 것은 다 인연 되어 일어난다고 하는 연기법(緣起法)을 말합니다. 연기(緣起)라 하면 십이연기(十二緣起)가 가장 기본입니다. 무명(無明), 행(行), 식(識), 명색(名色), 육입(六入), 촉(觸), 수(受), 애(愛), 취(取), 유(有), 생(生), 노사(老死) 이것을 십이연기라 합니다. 이 십이연기는 공간적인 고찰을 할 수 있고 시간적인 고찰도 가능한데, 오늘은 이 십이연기를 시간적인 고찰로 살펴보겠습니다.

십이연기에서 무명(無明)과 행(行)은 과거의 업을 말합니다. 식(識)·명색(名色)·육입(六入)·촉(觸)·수(受)·애(愛)·취(取)·유(有) 여기까지는 현재의 업을 말합니다. 그리고 생(生)과 노사(老死)는 미래의 업입니다. 이렇게 보는 것을 십이연기의 시간적 고찰이라 합니다.

여기서 식(識)은 떠돌아다니던 중음신이 드디어 어머니 몸속에 들어오는 것을 말합니다. 식(識)이 명색(名色)의 과정을 거쳐서 육입(六入)이 됩니다. 이 육입은 육근(六根), 즉 안·이·비·설·신·의와 같은 말입니다. 그러므로 육근, 즉 눈·귀·코·혀·몸·생각이 완전하게 이루어지는 시기가 육입의 시기, 육입의 단계입니다. 부모은중경에서는 칠칠육정개(七七六精開)라 하여, 7·7, 즉 49일이 되면 육정(六情)의 문이 완전히 열린다고 봅니다. 그러니까 몸에 잉태된 지 49일이 되면 안·이·비·설·신·의가 정상적으로 작동한다고 보는 것입니다. 따라서 49일 이후에 임신 중절 수술을 한다면 완전한 생명체를 파괴하는 것입니다. 비록 49일 이전이라 할지라도 만일에 임신 중절 수술을 하게 되면 완전한 생명체는 아닐지라도 한 생명체를 죽이는, 살인하는 일이 된다는 것입니다.

생각해 보면 참으로 끔찍한 일이 아닐 수 없습니다. 그러므로 아기를 낳을 의향이 없다면 애초에 조치를 잘 하셔야 합니다. 임신된 뒤에 중절 수술을 하게 되면 그것은 반드시 업으로 남습니다. 그건 과보로 남을 수밖에 없고, 그 과보는 가장 가까이에 있는 사람에게 닥칠 수가 있습니다.

제가 이렇게 말씀을 드리면 분명 듣기 싫은 사람도 있을 것입니다. 하지만 현실적인 관점에서 냉정하게 보고, 진리 그대로 이 사실을 받아들이고, 이제는 그런 업을 짓지 않도록 노력해야 합니다. 만일 그런 업을 지은 경험이 있다면 반드시 아까 말씀드렸던 대로 천도재 등 재를 지내드려야 합니다. 특히 백중 때는 꼭 올려 드려야 합니다. 영가 이름은 만약 아버지가 박 씨라면 '박 씨 영가', '일문유연애혼 영가 박 씨 영가', '수자령 영가 박 씨 영가' 이렇게 하면 됩니다. 또 낙태 영가가 2명, 3명이라면 '수자령 영가 박 씨 영가 2위(位)', 또는 '3위

(位)' 이렇게 해서 올리시면 됩니다.

　수자령 영가에 대해서는 많은 스님들의 체험담, 경전에 근거한 여러 가지 얘기가 있습니다. 하지만 다 말씀드리기에는 시간상 제약이 있어 힘들고, 전체 요지를 간략하게나마 말씀드렸습니다. 혹시 그러한 일이 있었던 사람들은 충분히 참회(1)해야 합니다. 자비도량참법(慈悲道場懺法)(2)이나 자비수참(慈悲水懺)과 같은 참법(懺法) 기도를 좀 하십시오. 후일에 참법의 기도에 대해서 좀 더 말씀을 드리는 시간을 갖도록 하겠습니다.

　아무튼 참법 기도도 좀 하고, 아울러서 당 영가가 그러한 고통을 여의도록, 구천을 헤매는 고통을 여읠 수 있도록 천도를 좀 잘 해 드릴 필요가 있습니다. 개별로 하기는 힘이 든다면 백중 또는 지장재일 때 다니는 사찰에 가서 영가의 위패를 영단에 잘 올려놓고, 적어도 2, 3년 정도는 천도를 해 드려야 합니다. 사찰에 가서 솔직하게 말씀드리려니 부끄러울 수도 있습니다. 조금 부끄러운 일이긴 하지만 이미 다 지난 일이거니와, 부끄럽다 하여 숨겨서 될 일이 아닙니다. 그러니 솔직히 말씀드리고 영단에 위패를 잘 올려놓고 적어도 한 2, 3년 정도는 천도를 해 드려야 될 것입니다.

  우리는 알았으면 하지 않을 텐데 몰랐기 때문에 악업을 짓는 수도 참 많습니다. 그래서 뭐든지 다 알아야 합니다. 법문도 알기 위해서 듣는 것이고 경전 공부도 알기 위해서 하는 것 아니겠습니까? 알고 지으면 그 업도 크게 짓지 않는데, 모르고 지으니 업을 엄청 크게 짓는 것입니다. 어쨌든지 알고 믿는 불자가 되어야겠습니다. 절에 다니면서 그래도 경전은 조금 배우면서 다니는 불자가 되셔야겠습니다. 유튜브를 통해서 방송을 듣는 모든 분들은 경전 공부하고 법문 듣는 것을 취미로 삼아 재미를 느끼면서, 법문과 경전 공부를 가까이하셨으면 좋겠습니다. 오늘은 수자령 영가에 대해서 간단하게 말씀드렸습니다.

내일 다시 뵙겠습니다.
관세음보살

참고하시면 좋은 법문

(1) 참회기도(설법대전 2)
(2) 참회 하라, 자비도량참법(유튜브 생활법문)

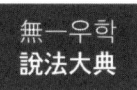

18
신묘장구대다라니의 영험

2020. 03 18. 세계명상센터 보은전

 관세음보살. 유튜브불교대학 시청자 여러분, 반갑습니다. 오늘은 한 신도님으로부터 받은 편지 속 질문을 주제로 말씀을 드리겠습니다.

"관세음보살, 스님 요즘 신묘장구대다라니를 외우는 사람이 많은데, 그 점에 대해 얘기를 좀 해 주십시오."라고 했습니다.

대다라니는 천수경(千手經)의 가장 핵심이며 본론입니다. 그래서 시간적으로 천수경을 전체 다 독송하지 못할 것 같으면, 신묘장구대다라니만 독송해도 됩니다. 대다라니의 원제목은 '신묘장구대다라니경(神妙章句大陀羅尼經)'입니다. 즉, 대다라니 자체가 경(經)입니다. 대다라니는 경의 제목을 포함하여 450자로 되어 있습니다. 예로부터 기도를 속(速) 성취, 즉 빨리 성취하고자 할 때 많이 독송된 경이 바로 이 대다라니입니다. 저 같은 경우에도 이 대다라니를 가끔씩 외웁니다.

한국불교대학 大관음사 유튜브불교대학에 들어가시면 제가 녹음한 신묘장구대다라니 독송 편이 있습니다. 그뿐만 아니라 이걸 배 이상 빨리 돌려서 대다라니를 아주 속히, 아주 빠르게 외우게 하는 영상도 있습니다. 저는 특히 잠이 잘 안 올 때 빠른 신묘장구대다라니를 틀어놓는데, 그러면 잠이 잘 옵니다. 누워서라도 이 대다라니의 빠른 템포를 놓치지 않기 위해 바짝 집중해서 같이 외우다 보면, 뇌의 회로가 조금 피곤해지면서 금방 잠이 드는 겁니다. 잠이 안 오는 사람은 저처럼 빠른 속도의 다라니를 틀어놓고 주무시면 금방 잠이 들지 않을까 싶습니다.

대다라니를 독송하고 사경 하는 것은 매우 큰 수행입니다. 그래서 오늘은 먼저 저와 함께 이 다라니를 외워보는 시간을 갖겠습니다. 국내외 우리 모든 불자들은 천수경 정도는 다 가지고 있을 것이라 생각합니다. 그 천수경 안에 나오는 신묘장구대다라니입니다. 한국불교대학의 불교의범은 36쪽입니다. 앞에 개경게는 다 생략하고 바로 다라니 본문으로 들어가서 한번 읽어보겠습니다.

신묘장구대다라니
나모라 다나다라 야야 나막알약 바로기제 새바라야

모지 사다바야 마하사다바야 마하가로 니가야 옴 살바 바예수 다라나 가라야 다사명 나막 가리다바 이맘알야 바로기제 새바라 다바 니라간타 나막 하리나야 마발타 이사미 살발타 사다남 수반 아예염 살바 보다남 바바말 아 미수다감 다냐타 옴 아로계 아로가 마지로가 지가란 제 혜혜하례 마하모지 사다바 사마라 사마라 하리나야 구로구로 갈마 사다야 사다야 도로도로 미연제 마하 미 연제 다라다라 다린나례 새바라 자라자라 마라 미마라 아마라 몰제예 혜혜로계 새바라 라아 미사미 나사야 나 베 사미사미 나사야 모하자라 미사미 나사야 호로호로 마라호로 하례 바나마 나바 사라사라 시리시리 소로소로 못자못자 모다야 모다야 매다리야 니라간타 가마사 날사 남 바라 하리나야 마낙 사바하 싯다야 사바하 마하싯다 야 사바하 싯다유예 새바라야 사바하 니라간타야 사바하 바라하 목카싱하 목카야 사바하 바나마 하따야 사바하 쟈가라 욕다야 사바하 상카섭나네 모다나야 사바하 마하 라 구타다라야 사바하 바마사 간타 니사 시체다 가릿나 이나야 사바하 먀가라 잘마 이바 사나야 사바하

나모라 다나다라 야야 나막알야 바로기제 새바라야 사바하, 나모라 다나다라 야야 나막알야 바로기제 새바라야 사바하, 나모라 다나다라 야야 나막알야 바로기제 새바라야 사바하

'나모라 다나다라 야야 나막알야 바로기제 새바라야 사바하'가 마지막입니다. 만약에 한 번만 독송하신다면, 쭉 읽으신 뒤 '나모라 다나다라 야야 나막알야 바로기제 새바라야 사바하' 이 부분을 세 번 하고 끝내시면 됩니다. 항상 내가 독송하려고 하는 총 횟수의 마지막 독송에서 '나모라 다나다라 야야 나막알야 바로기제 새바라야 사바하'를 세 번 하시고 끝내시면 됩니다. 1독만 하는 경우엔 그냥 쭉 읽으시고 마지막에 '나모라 다나다라 야야 나막알야 바로기제 새바라야 사바하'를 세 번 하고 끝내시면 됩니다.

만약 대다라니를 10번이든 21번이든 100번이든 1000번이든 계속 외우면서 다라니 독송 수행을 해야겠다고 하시면, 쭉 읽으시고 끝에 가서 '나모라 다나다라 야야

나막알야 바로기제 새바라야 사바하'를 한 번만 읽고 다시 처음으로 돌아가서 하시면 됩니다. 그렇게 해서 최종 마지막 독송에서 세 번 하시면 됩니다. 다라니를 외우는 사람들의 방법이 조금씩 다를 수도 있지만 제가 지금 일러드리는 대로 하시는 것이 가장 정확합니다.

  다시 정리해드리겠습니다. 만약 다라니를 세 번 외운다고 하면 먼저 1독을 시작해서 쭉 읽다가 끝에 가서 '나모라 다나다라 야야 나막알야 바로기제 새바라야 사바하'를 세 번이 아니라 한 번만 하고 다시 처음으로 돌아가야 합니다. 돌아가서 다시 처음부터 "나모라 다나다라 야야 나막알야 바로기제 새바라야 모지 사다바야 마하사다바야 마하가로 니가야 옴 살바 바예수…" 이렇게 하시면 됩니다. 그렇게 두 번째의 독송을 쭉 하면서 끝부분에 와서 끝부분 "먀가라 잘마이바 사나야 사바하 나모라 다나다라 야야 나막알야 바로기제 새바라야 사바하" 이렇게 한 번만 하고 다시 처음으로 돌아가서 "나모라 다나다라 야야 나막알약 바로기제 새바라야 모지 사다바야…" 하고 다시 독송을 시작하면 됩니다. 그러면 이게 세 번째인 거지요? 삼독을 하겠다고 하였으니 삼독 째가 마지막 독송입니다. 그래서 세 번째 마지막 독송에서는 끝부분을 세 번 읽습니다. 즉, 세 번째 독송을 쭉 하고 다시 끝부분에 오게 되면 '나모라 다나다라 야야 나막알야 바로기제 새바라야 사바하' 이 부분을 세 번 하고 마치시면 된다는 것입니다. 21독이든 108독이든 1000독을 하든지 간에 상관없이 정해 놓은 독송 횟수 중 마지막 독송에서 '나모라 다나다라 야야 나막알야 바로기제 새바라야 사바하'를 세 번 하고 마치시면 됩니다. 이해가 되시지요?

이와 같은 방법으로 개인에 따라 3번도 외우고 21번도 외우고 108번도 외우는 등 다양하게 다라니를 독송하시면 되겠습니다.

불자들 중에는 다라니 기도를 하시는 분들이 아주 많습니다. 며칠 전 어떤 스님도 제게 "스님, 요즘 코로나19 때문에 세상이 이렇게 시끄럽고 해서 제가 요즘은 다라니 기도를 좀 많이 합니다." 그랬습니다. 스님들도 다라니 기도를 많이 한다는 말씀을 드리는 겁니다. 신묘장구대다라니는 '신통하고 미묘한 다라니'라는 뜻입니다. 신통하고 미묘한 다라니, 즉 신비한 묘용의 다라니라는 것입니다. 다라니(陀羅尼)라는 말은 '총지(總持), 모든 것을 다 갖추고 있다' 이 말입니다. 즉, 모든 공덕을 다 갖추고 있는 경이라는 거지요.

경허 스님의 상좌이자 무심도인(無心道人)으로 많이 알려진 수월 스님과 다라니에 얽힌 유명한 이야기가 있습니다. 수월 스님은 일자 무식꾼이었는데 다라니를 열심히 외워 불망염지(不忘念智)라는 지혜를 얻었다고 합니다. 또 다라니로 유명한 분 중 백용성 스님이 계십니다. 백용성 스님은 독립선언서에 서명도 하셨고 많은 반대를 무릅쓰고 법당에 최초로 피아노를 넣으셨습니다. 찬불가 보급에도 아주 신경을 많이 쓰셨고, 경전을 한글화하는 데도 애를 많이 쓰신 분입니다. 그런 백용성 스님께서는 9개월 동안 신묘장구대다라니를 100만 독을 외우고 견처(見處)를 얻었다, 즉 깨달음을 얻었다는 이야기가 전해오고 있습니다.

다라니만 열심히 해도 깨달을 수 있는 수행 방편이

> *수행은 몸과 마음을 다해서*
> *직접 자기가 해 보는 데 그 묘미가 있습니다*

된다는 것입니다. 많은 큰스님들도 다라니를 외워서 힘을 얻고 지혜를 열었다 하니, 우리 보통 불자들은 더 말할 것도 없이 반드시 외우시면 좋겠습니다.

대다라니의 공덕에 대해서 좀 더 말씀드리겠습니다.

대다라니에는 부처님의 자비, 광명, 깨달음의 힘이 들어가 있습니다. 또한 해탈의 힘, 병을 이기고 수명을 연장하는 힘, 복덕을 성취할 수 있는 힘이 있는 것이 대다라니입니다. 이에 대해 좀 더 구체적으로 말씀드리겠습니다.

사실 대다라니의 영험이나 공덕에 대한 이야기는 엄청나게 많습니다. 그래서 대다라니를 외우면 절대 일어나지 않는 일 몇 십 가지, 나쁜 일 일어나지 않는 것 몇 십 가지, 또 좋은 일 일어나는 것 몇 십 가지 등등 많이들 얘기합니다. 제가 오늘 그걸 전체 요약해서 말씀드리겠습니다.

첫째, 대다라니는 병을 물리치는 데 큰 에너지를 가지고 있다.

둘째, 대다라니를 외우면 나쁜 병으로 죽지 않는다. 대다라니는 그런 힘을 가지고 있다.

셋째, 대다라니를 외우면 자살하여 죽는 일이 없다.

아마도 다라니를 읽다 보면 힐링이 되고 마음공부가 되었기 때문에, 자살하려는 마음이 없어지는 것이라 생각합니다.

넷째, 대다라니는 몸과 마음이 안정될 수 있는 에너지를 가지고 있다.

다섯째, 대다라니는 두려움을 없게 하는 에너지를 가지고 있다.

여섯째, 대다라니는 자비로운 마음이 일어나게 하는 에너지를 가지고 있다.

일곱째, 대다라니는 원수의 적을 이길 수 있는 에너지를 가지고 있다.

여덟째, 대다라니는 일체의 삼재팔난(三災八難)으로부터 피할 수 있는 에너지를 가지고 있다.

아홉째, 대다라니는 좋은 사람을 만날 수 있는 에너지를 가지고 있다.

요즘 결혼, 좋은 인연처를 만나려고 애를 쓰는 사람들 많지 않습니까? 그런 분들도 이 다라니 외우면 좋다는 것입니다. 좋은 사람을 만난다는 것은 단순히 혼처를 구하는 것에만 국한되는 것이 아닙니다. 사업을 하자면 동업을 해야 하는 경우도 많지 않습니까? 그런 경우에도 좋은 사람을 만나야 할 것이고, 또 직장을 구함에 있어서도 좋은 사람을 만나면 좋을 것입니다. 여타 모든 경우에 있어서 좋은 사람을 만나게 하는 그런 에너지가 있는 경이 바로 이 대다라니경이라는 것입니다.

열째, 대다라니는 극락에 태어날 수 있는 에너지를 가지고 있다.

이상 열 가지 정도로 간략하게 정리해보았습니다. 이와 같이 다라니에는 수많은 공덕이 있으니, 이 대다라니 수행을 하면 대단히 좋을 것입니다. 앞서 말씀드렸듯이 대다라니 2대 수행이라 하면 독송과 사경을 들 수 있습니다.

독송은 아주 빠른 속도로 외우는 것이 좋습니다. 그리고 사경은 한 글자 쓰고 한 번 절하는 1자 1배(一字一拜)가 원칙입니다. 만약 1자 1배가 거추장스럽고 힘들다면 앉은 자리에서 정성을 다해서 한 번에 내리써도 됩니다. 다시 말해 사경을 함에 있어 1자 1배가 좋기는 하지만 그게 여의치 않으면 정신을 집중해서 그냥 쓰는 것도 무방하다는 것입니다.

그런데 이 신묘장구대다라니는 뜻을 알려고 하면 안 됩니다. 선밀일치(禪密一致)라 하였습니다. 참선, 특히 화두선은 그 뜻을 알면 화두가 안 잡힙니다. 또 뜻이 드러나 있지도 않습니다.

"저 개에게 불성(佛性)이 있습니까?"
"이 바보야, 저 개에게 무슨 불성이 있겠느냐? 없다."

이것이 '무(無) 자 화두'이지 않습니까? 이러한 무(無) 자 화두는 오로지 궁금증만 일으켜야 합니다. 중생심(衆生心)으로써는 결코 거기에 대한 답을 얻지 못합니다. 오로지 '왜 그럴까?', '왜 저 개에게 불성이 없을까?' 이렇게 끝까지 계속 질문을 던져가면서 삼매에 드는 일이 중요할 뿐입니다.

그와 같이 신묘장구대다라니는 뜻은 몰라도 완전히 몰입하여 다라니와 하나가 되어야 합니다. 몰아(沒我), 즉 자기의 생각과 자기의 정신을 완전히 없애고, 완전히 다라니와 하나가 되어야 합니다. 그리하여 불이(不二), 다라니와 내가 둘이 아님의 그런 경지에 들어가야 힘을 받을 수가 있습니다. 다시 말해 이 다라니는 생각이 완전히 끊어진 자리에 들어가서 외워야 합니다. 일체 잡념을 여의고 해야 합니다.

요즘 다라니에 대해 해설이 되어 있는 책이 나와 있다고 하는데, 그건 수행에 아무런 도움이 안 됩니다. 대다라니를 사경 하고 다라니를 독송하는 것은 순전히 수행 목적이어야지, 여기에 뜻을 밝혀내려 한다면 그건 아주 어리석은 일입니다.

'염궁도창(念窮道彰)'이라, '생각이 다 하면 도가 드러난다'라고 했습니다. 여하튼 생각이 다 해야 합니다.

말길이 끊어지고 생각 자체가 들어설 틈이 없이 생각이 그냥 바닥이 나 버려야 합니다. 생각이 없어져야 합니다. 그래야 이 대다라니의 깊은 맛을 알게 되고, 대다라니의 공덕을 입게 되고, 드디어 진리, 도가 드러난다는 것입니다. 그렇다고 해서 처음부터 대다라니를 많이 할 생각을 하지는 마십시오. 처음엔 3번 했다가, 며칠 해 보니 괜찮아서 속도가 붙으면 한 7번, 7번 하다가 또 속도가 붙고 재밌으면 21번, 그래서 한 108번까지 늘여서 해 보시길 바랍니다. 그러면 대다라니의 영험을 얻을 수 있을 겁니다.

    수행은 듣는 것에서 그치면 안 됩니다. 직접 몸과 마음을 다해서 직접 자기가 해 보는 데 그 묘미가 있습니다. 대다라니를 정성껏 외운다면 이 또한 불자로서 큰 힘을 얻는 한 방법이 되기도 합니다.

    신묘장구대다라니는 관세음보살님이 우리 중생들에게 내어놓는 자비의 말씀, 즉 자비(慈悲)의 다라니라고 보시면 됩니다. 따라서 신묘장구대다라니는 관세음보살 기도와 그 맥을 같이 합니다. 그러니 관세음보살 기도를 하는 사람은 대다라니 기도를 같이 하셔도 무방합니다. 오히려 함께 병행하여 많이 할수록 좋습니다. 다부지게 정진하는 불자들이 되시길 바랍니다.

 내일 다시 뵙도록 하겠습니다.
관세음보살

참고하시면 좋은 법문

* 신묘장구대다라니의 대박 공덕(유튜브 생활법문)
* 대다라니 외우면 15가지 좋은 일을 성취한다
  (유튜브 생활법문)
* 대다라니를 외우면 건강하고 명대로 살 수 있다
  (유튜브 생활법문)

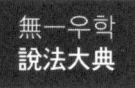

19
불자의 고기 먹는 문제

2020. 03. 19. 세계명상센터 보은전

※ 불교신문 기획연재 '우학스님의 유튜브 불교대학'의 글을 그대로 수록하였습니다. 생생한 우학 스님의 설법은 유튜브에서 확인하시기 바랍니다.

 관세음보살. 국내외 유튜브불교대학 시청자 여러분, 반갑습니다.

이런 편지가 왔습니다.

"불자가 돼서 고기를 먹어도 됩니까? 철저히 먹지 말아야 합니까?"

한마디로 말씀드리면, 불자임을 자각하여 고기를 먹지 않는 것은 공덕을 쌓는 일입니다. 그런데 우리가 생각해야 할 것은 불가피하게 고기를 먹어야 할 때가 있다는 것입니다.

제가 다큐멘터리 촬영차 티베트 사원을 방문한 적이 있었는데, 절 마당에서 비구니 스님들이 마침 고기를 썰고 있다가 우리 일행이 들이닥치자 아주 당황해하면서 숨기려고 하였습니다. 그 고기는 야크라는 소고기였습니다. 야크의 단백질은 고산지대 사람들에게는 꼭 필요한 것이라고 들었기 때문에 저는 오히려 그 사람들을 좋은 말로 안심시켰습니다.

"아, 저희들은 다 이해합니다. 이곳에서는 건강을 위해서 꼭 드셔야 합니다. 산소가 희박하니 어쩔 수 없지 않습니까?"

순수하기 그지없는 티베트 스님들은 제 얘기를 듣고는 하던 일을 마음 편하게 계속했습니다.

그쪽 사정을 모르는 한국 스님들이 간혹 "절에서 왜 고기를 먹어." 하고 엉뚱한 소리를 합니다만, 이는 무례하기 짝이 없고, 무식 또한 도를 넘는다고 볼 수밖에 없습니다. 또 티베트 스님들은 우유를 넣은 수유차를 꼭 마십니다. 객으로 간 사람들이 "너희들, 왜 우유를 먹어."라고 하면 안 될 일입니다. 그들에게는 야크 고기든 수유차든 건강을 위해서 먹지 않을 수 없는 약 같은 것입니다. 좀 더 부언하자면, 티베트 스님들은 수행을 정말 다부지게 하는 듯 보였습니다. 그리고 중생 제도도 열심히 하고 있었습니다. 그들은 충분히 그 음식을 먹을 자격이 된다고 생각하였습니다.

이런 경우와 같이 건강 때문에 고기를 꼭 먹어야 하는 경우가 있습니다. 따라서 고기를 먹는 것도 일리가 있고, 고기를 먹지 않는 것도 일리가 있습니다. 그런데 우리가 생각해야 할 것은 고기를 먹을 때는 건강을 위해서 먹어야 하는 것이지, 취미로 잡아먹어서는 절대 안 된다는 것입니다.

불교에서는 예로부터 오정육(五淨肉)을 얘기해 왔습니다. '다섯 가지 깨끗한 고기'라는 뜻입니다. 삼정육이니 구정육이니 하는 말도 있습니다. 오정육, 즉 먹어도 되는 고기에 대해서 말씀드릴 테니 잘 들으시기 바랍니다.

첫째는 불견살육(不見殺肉)입니다. '내 눈으로 직접 죽이는 것을 보지 않은 고기'를 말합니다. 사람들이 직접 생명체를 죽여서 고기를 확보하는 수가 있는데, 그것을 봐서는 안 된다는 것입니다. 직접 죽이는 것을 보지 않은 고기는 먹어도 무방합니다.

둘째는 불문살육(不聞殺肉)입니다. '내 귀로 죽어가는 비참한 소리를 듣지 않은 고기'를 말합니다. 또는 소문에 의해서 '아, 그 소가 비참하게, 그렇게 그렇게 죽어갔더란다…, 도살장에 들어가는데 눈물을 뚝 뚝 흘리면서 억지로 걸음을 옮기더라…….' 그런 소리를 들었으면 그 고기는 먹지 말아야 합니다. 그런 소리를 듣지 않은 고기는 깨끗한 고기라고 할 수 있으니 먹어도 무방합니다.

셋째는 불위아살육(不爲我殺肉)입니다. '나를 위해서 죽은 고기가 아닌 것'을 말합니다. 다니다 보면 더러 개 무덤 같은 것도 있지요? 그 개는 필시 주인을 위해서 죽었을 것입니다. 그런데 주인의 입장에서 아무리 죽었다고는 하지만 차마 그 개의 고기는 먹을 수가 없지 않겠습니까. 또 예를 들자면 소가 열심히 밭 갈다가 더위 먹어서 죽은 경우에 소 주인은 자신을 위해서 희생하다가 죽은 그 소의 고기를 먹을 수는 없습니다. 자신을 위해서 죽은 짐승의 고기는 먹지 않는 것이 좋은데, 그렇지 않으면 먹어도 무방합니다. 여기까지가 삼정육인데 두 가지를 더 보태면 오정육이 됩니다.

넷째는 자사육(自死肉)입니다. '생명이 다해서 죽은 고기'를 말합니다. 수명이 다해서 죽은 짐승의 고기나 자살해서 죽은 짐승의 고기가 있을 수 있습니다. 이런 고기는 먹는 것이 가능하다는 것입니다.

다섯째는 자잔육(自殘肉)입니다. '짐승끼리 싸우다가 뜯어먹고 남은 고기'를 말합니다. 예를 들면, 사슴 뼈가 무릎 관절염에 좋다 해서 다른 동물이 뜯어먹다가 남은 것을 산에서 줏어다가 먹는 것은 가능하다는 것입니다. 매 같은 새에 희생당한 동물의 잔해가 있다면 그것을 먹는 것은 괜찮다고 할 수 있습니다.

이러한 다섯 가지 고기, 오정육에 대해서 말씀을 드렸는데, 이런 정도의 고기는 건강 때문에 먹는다면 용납될 수가 있다는 것입니다.

그런데 이것을 다 일일이 기억하기 어려우니, 일반적으로 말하기를 '세 번 손을 거친 고기는 먹어도 괜찮다'고 합니다. 세 번 손을 거친 고기라면 자기가 그것을 본 것도 아니고, 들은 것도 아니고, 또 자신을 위해 죽은 것도 아니기 때문입니다. 그래서 세 번 손을 거친 고기라면 식육점이나 마트에 나와 있는 것들입니다. 그러므로 일반 시장에 나와 있는 고기는 재가자(在家者) 입장에서는 먹어도 무방합니다. 대신 잘 먹었으면 그 에너지를 좋은 데 써야 할 것입니다. 너무 많이 먹어서 감당이 안 될 정도는 삼가야겠지만 살아가면서 꼭 필요한 단백질 공급 차원에서는 먹어도 좋습니다. 먹은 만큼 그 힘을 좋은 데 쓴다면 고기 먹는 것이 아주 나쁘다고는 볼 수 없습니다.

그렇다면, 불자들이 고기를 언제부터 먹지 않았겠습니까?

당연히 부처님 당시라고 생각하기 쉽습니다만, 사실은 헤아려볼 점이 많습니다. 부처님 계시던 시절에는 다 아시다시피 탁발에 의지해서 먹는 것을 해결하였기 때문에 취사선택을 할 수가 없었습니다. 주는 대로 먹을 수밖에 없었습니다. 지금의 남방불교 상황을 보면 감이 잡힐 것입니다. 남방은 탁발의 전통을 그대로 간직하고 있기 때문에 하는 말입니다. 공양을 올리고 싶은 신도들의 입장에서는 그날 자기들이 먹는 음식 중에 최상의 것을 바루 속에 담아드렸을 것입니다. 그러면 당연히 고기가 들어갔다고 보아야 합니다.

아무튼 탁발은 주는 대로 먹는 것이 미덕입니다. 그래서인지 부처님 당시는 물론 현재 남방불교 계율에는 육식금지에 대한 강한 얘기가 없습니다.

북방불교의 보살계를 살펴보면, 보살계 십중대계에서 '살생하지 말라'라고 하였을 뿐, '고기 먹지 말라'라고는 하지 않았습니다. '살생하지 아니함'과 '육식을 하지 않음'과는 큰 차이가 있습니다. 그런데 48경구계(輕垢戒), 즉 48가지 가벼운 계에는 '고기를 먹지 말라'란 말이 나옵니다. 이는 북방에서 임의로 만들어진 계율일 가능성이 큽니다. 북방의 계율을 수용한다면 육식은 하지 않는 것이 상책입니다.

　하지만 건강상 어쩔 수 없이 먹게 된다면 인간들과는 인연이 먼 것을 먹는 것이 좋습니다. 사람보다는 사람 외의 포유류 고기를 먹고, 네 발 달린 짐승보다는 두 발 달린 짐승을 먹고, 두 발 달린 짐승보다는 발 없는 물고기를 먹는 것이 좋습니다. 여기서 더 내려가면 식물인지 동물인지 구별이 안 되는 생명도 있는데, 그런 것은 부담이 없습니다. 그런데 거기서 더 내려가면 식물입니다. 식물도 결국은 생명이지만 우리 인간과는 진화론적 입장에서 멀리 있으므로 가장 먹기가 만만하다는 것입니다.

　우리 인간과는 거리가 먼 것을 먹으면 피도 덜 탁해

질 뿐만 아니라 자비종자를 잘 보존하는 일이 됩니다. 육식은 성격을 폭력적으로 만듭니다. 업을 좀 더 크게 짓는 계기의 산물이라고 볼 수 있습니다.

거의 결론적인 얘기입니다. 고기는 안 먹는 것이 상책이지만, 꼭 먹을 일이 있더라도 우리랑 인연 관계가 먼 것을 먹는 것이 좋습니다. 그리고 고기를 드셨다면 그 힘을 좋은 곳에 써야 합니다. 불자들이 고기 먹는 문제에 대해서 마지막으로 정리해서 말씀드립니다.

첫째, 고기는 너무 자주 먹지 말라.

둘째, 오정육은 먹어야 할 경우에는 부담 없이 먹어라.

셋째, 가능하면 인연이 먼 것을 먹어라.

넷째, 먹었으면 그 힘을 좋은 데 쓰라.

우리 불자들이 고기 먹는 문제 때문에 더러 고민이 많으신데, 참고가 되셨으면 합니다.

다음 시간에 뵙겠습니다.
관세음보살

無一우학
說法大典

20
기도 축원에 대하여

2020. 03. 20. 세계명상센터 보은전

관세음보살. 유튜브불교대학 시청자 여러분, 반갑습니다. 오늘은 '기도 축원'에 대해 말씀드리겠습니다.

며칠 전 제게 온 편지에 이런 내용이 있었습니다.

"기도 축원을 할 때 한 사람을 집중적으로 하다 보니 다른 사람이 눈에 밟힙니다."

기도할 때 어느 한 사람만 집중적으로 하는 것이 좋다는 생각을 하기는 하지만, 다른 사람도 자꾸 눈에 들어온다는 것입니다. 물론 어머니 입장에서는 자식이 여러 명 있다면 그 여러 자식의 기도를 다 해 주는 것이 좋습니다. 하지만 그리하자니 기운이 좀 흩어지는 것 같고, 또 특별히 딱 한 사람을 지정하여 그 한 사람에게 집중해서 기도하는 것이 좋다는 스님의 이야기도 있다 보니 고민스러운 것입니다. 이럴 경우 어떻게 하면 좋은지에 대한 이야기입니다.

우선 제가 쓴 불교의범 468쪽에 '우리절 기도 발원문'이라고 있습니다. 이 기도 발원문은 한문으로 된 축원문을 우리말로 번역해서 실어놓은 것으로, 사시불공 시간에 스님들이 한문으로 "앙고 시방삼세 제망중중 무진 삼보자존 불사 자비 위작증명 상래소수불공덕 회향삼처실원만…" 하는 축원문과 동일한 것입니다. 제가 아주 독창적으로 번역한 것입니다. 그 내용을 함께 살펴보겠습니다.

"나무 불·법·승

온 우주 법계에 충만 하사 아니 계신 곳 없으시고, 만유에 평등하사 자비의 구름으로 피어나신 부처님께 사뢰나이다. 참다운 실상은 형상과 말을 여의었건만, 감응하시는 원력은 삼천대천세계를 두루 덮으시고 단비 같은 팔만 사천 법문으로 고해중생 건지시니, 행하는 일 성취됨은 맑은 못에 달그림자 같사옵니다."

다음으로 기도자의 주소를 읽으시면 됩니다.

일반적으로 스님들이 재가자 신도들에게 기도해 줄 때, 그것을 축원이라고 합니다. 하지만 만약 본인이 가장이자 집의 어른으로서 애들을 위해서, 다른 가족을 위해서 기도해 주면서 축원문을 읽어준다면 그것 역시 축원이 됩니다. 축원은 반드시 스님들만 하는 것이 축원이 아니고, 격이 조금 높은 이치에서 가족을 위해 기도를 해준다면 그것 역시 축원이 됩니다. 축원이라 생각하시고 이것을 하시면 됩니다.

"○○○에 사는 불제자 ○○는"

여기에서 '○○는' 기도하는 사람을 말합니다. 예를 들어 기도하는 사람의 이름이 '김관음'이라면 '○○○에 사는 불제자 김관음은' 이렇게 하시면 됩니다. 그리고 만약 남편을 위한 기도가 목적이라면 남편의 생년과 이름, 발원의 내용을 다음과 같이 밝히면 됩니다.

"간절한 정성으로 기도 올리오니, 남편 임오생 홍길동의 사업발전"

본인의 기도, 나, 자녀를 위한 기도도 이렇게 하시면 됩니다. 우선은 가족이 중요하니까 가족을 먼저 쓰고, 기도해 주고 싶은 친척이나 친구가 있다면 위와 동일한 방법으로 하시면 됩니다.

그중에서도 특히 '이 사람은 기도가 굉장히 간절한 사람이다. 집중적으로 기도해 주어야겠다' 라는 간절한 마음이 일어나는 사람이 있지요? 그럼 그 사람을 맨 위에, 맨 처음에 넣어서 읽으시면 됩니다. 1번 맨 위쪽에 싣고, 그것을 한 세 번 이상 아주 간절하게 이름을 불러야 합니다. 일곱 번이든지 아홉 번이든지 횟수를 더 많이 읽으시면 좋습니다. 그렇게 한 뒤 나머지 사람들은 뒤이어서 한 번 정도만 쭉 읽으시면 됩니다. 그렇게 하면 특별히 챙기고자 하는 그 사람에 대한 기도 축원도 되고, 눈에 밟히는 사람들의 이름 역시 모두 챙긴 것이 됩니다.

소원 내용을 어떻게 적어야 할지 모르겠다고 하면 책에 나오는 것을 보고 적으시면 됩니다.

소원내용

성불, 결혼, 건강, 사업 발전, 무사고, 매매, 부부화합, 자손창성, 시험합격, 학업성취, 삼재소멸, 출세, 업장소멸, 가정원만, 수명장수, 조상천도, 기도성취, 취업 등

그리고 다음의 기도문을 읽으시면 됩니다.

"부처님, 이 모든 소원을 이루게 하소서.

나아가 우리절이 더욱 발전할 수 있도록 가피 내려주시옵고, 구경에는 이 땅, 불국토 이루게 하소서!

부처님! 여기 불제자, 언제 어디서나 감사하옵고 세세생생 보살도 행하기를 서원하오니, 자비 광명으로 임하사 큰 공덕의 등불 되게 하소서.

관세음보살 관세음보살 관세음보살"

이 마지막 내용이 아주 중요합니다. 기도문에 '이 땅, 이대로 불국토 되게 하소서' 라는 큰 원(願)이 나오는데 이런 내용은 꼭 있어야 합니다. 이 내용은 스님들이 축원하다 보면, 개인 축원한 뒤에 "연후원 항사법계 무량불자등 동유화장장엄해…… 마하반야바라밀" 이라고 하는데, 바로 그 부분을 조금 압축해서 써 놓은 것입니다. 그리고 관세음보살을 세 번 읽으면서 이 발원문을 끝맺으시면 됩니다.

이것은 절에서 스님들이 하는 축원을 그대로 한글로 번역해 놨기 때문에 기도 축원문으로써는 최고로 좋은 모델입니다. 그러므로 불교의범 468쪽의 기도문을 그대로 하시면 됩니다.

 축원문을 읽으신 후에는 절에서 하는 것과 마찬가지로 반야심경(般若心經)을 한 번 외우시면 됩니다. 절에서는 축원을 끝낸 뒤 "신중단을 향해 서서 반야심경이 있겠습니다." 하고 다 같이 반야심경 독송을 하지요? 그와 같이 축원을 하고 난 뒤 "마하반야바라밀다심경 관자재보살……." 이렇게 또박또박 읽으시면 됩니다.

 기도 발원, 축원은 매우 중요합니다. 어떤 사람은 "이런 것을 꼭 해야 합니까?" 이러기도 합니다. 하지만 축원을 아주 집중해서 지극정성으로 하면 그 마음의 에너지가 반드시 상대에게 전달됩니다. 지극정성으로 한다는 것이 반드시 전제되어야 하는데, 지극정성으로 하기만 하면 그것은 다 힘이 됩니다. 마음의 에너지는 대단히 위대하고, 마음의 에너지는 우주로 뻗어나가는 힘이 있습니다. 그러므로 어떤 기도이든 기도 끝에는 반드시 기도 축원장, 기도 발원문을 읽으십시오.

 예를 들어 관세음보살 기도를 하는 사람이라면, 관세음보살 정근이 기도의 핵심이라고 볼 수 있습니다. 30분이든 1시간이든 "관세음보살 관세음보살 관세음보살…" 이렇게 정근을 다 한 뒤에 반드시 기도 축원장, 기도 발원문을 읽으시라는 것입니다. 축원장을 읽을 때는 기도가 많이 필요한 사람에 대해서는 여러 번 축원장을 읽으면 되고요. 눈에 밟히기는 하지만 일반적인 사람에게는 그냥 한 번 정도 읽으면 됩니다. 기도 축원장을 한 번 읽는 것이 읽지 않는 것보다는 훨씬 더 낫습니다.

간혹 "그렇게 안 해도 잘 사는 사람은 잘만 살던데…."라고 말하는 이들도 더러 있습니다. 물론 그럴 수도 있습니다. 하지만 개인적으로 들여다보았을 때, 기도하면서 사는 사람의 생활이 훨씬 더 정리되어 있고 훨씬 더 윤택한 것을 보게 됩니다. 또 이 세상 사람들 전체적으로 보더라도, 세상에 위대한 사람은 다 자기대로의 믿음과 기도가 있습니다. 자기대로 종교가 다 있습니다.

그러므로 기도하고 명상하는 이것을 시간 뺏긴다고 생각하시면 안 됩니다. 분명 이것은 이것대로 큰 가치가 있습니다. 명상 힐링이 될 뿐만 아니라 이 기도가 우리

삶에 있어서 큰 힘이 되는 것이 분명합니다. 그리고 다른 이를 위해서 기도해 주는 것은 부처님 제자로서 너무나 좋은 일이지 않습니까?

    이러한 기도를 할 때는 다른 이를 위해서 기도해 주는 그 힘이 반드시 상대에게 미친다는 믿음을 가지고 있어야 합니다. 그리고 반드시 상대도 같이 하도록 하는 것이 상책입니다. 예를 들어 '우리 아이가 취업을 해야 하니 내가 기도를 좀 다부지게 해야겠다'라는 마음이 들면, 당사자인 자녀에게도 "내가 너를 위해서 취업 성취 기도를 하는데 너도 같이 하자." 하십시오. 실상은 거드는 게 아니지 않습니까? 자기 자신을 위한 본인 기도입니다. 기도 하자는 방향으로, 거들라는 식으로 말을 하는 것입니다. 그리고 아들에게 염주 하나를 주면서, "너도 거들어봐라. 이 염주 들고서 하루에 108번씩 관세음보살 외워라." 하십시오. 사실 그게 그리 어려운 건 아닙니다. 혹은 천수경 책을 하나 주면서, "하루에 한 번, 천수경을 좀 읽어보렴. 혼자 하기 힘들면 유튜브 불교대학 우학 스님 천수경 독송을 틀어놓고 따라 하면 된단다." 이렇게 하시면 됩니다.

　그래서 아들이 함께 기도를 한다면 그 기도 힘의 에너지가 훨씬 더 커집니다. 둘이서 함께 하는 기도는 둘에 국한되지 않고 그 시너지 효과가 3배, 4배로 더 크게 나타납니다. 원래 마음의 에너지가 그런 것이기 때문입니다. 두 마음이 합해지면 두 마음만 있는 것이 아니라 5배, 6배 이상, 10배 이상의 큰 힘이 나타날 수도 있는 것이 바로 마음의 힘입니다. 그러니 가정에서 대표로 혼자 기도하지 말고 꼭 기도가 필요한 사람은 같이 기도를 하시면 좋겠습니다.

　기도는 곧 명상입니다. 그러므로 기복이라는 식으로 기도를 비하할 필요 없습니다. 기도는 나의 에너지, 힘을 키우는 일이기도 합니다. 살아감에 있어 우리는 반드시 힘이 필요합니다. 힘을 키워야 합니다. 그러니 기도에 다른 의미를 자꾸 갖다 붙이지 마십시오. '나는 불자이기 때문에 당연히 부처님 전에 기도한다' 이 생각만 있어야 합니다. 자꾸 쓸데없는 생각은 안 하시는 게 좋습니다. 다른 생각 없이 오직 지극정성으로 다부지게 기도하시

기도는 나의 에너지와 힘을 키우는 일

다 보면 분명히 힘이 생겨납니다.

그리고 또 한 가지 덧붙여 말씀드리면, 누구를 위해 기도를 한다면 그에게 자신 있게 말씀하십시오.

"나는 아침저녁으로 기도하는 불자다. 내가 전해 들으니 요새 네게 안 좋은 일이 있다고 하던데, 내가 열심히 기도해 줄게."

이렇게 말하면 그 사람이 얼마나 고맙게 생각하겠습니까? 아까도 말씀드렸지만 기도를 해 주면 반드시 그 사람에게도 좋은 에너지가 미칩니다. 마음의 에너지는 거리도 소용없고 낮과 밤이 없습니다. 그러므로 불자들은 이러한 마음의 에너지를 모으는 이 기도를 우습게 생각하지 말고, 다부지게 기도를 하시고 기도 후에는 스스로 만든 기도 발원문 또는 축원문을 꼭 읽어야겠습니다.

기도 발원문은 책을 참고해서 스스로 잘 만들면 됩니다. 꼭 축원해 주어야 할 사람이 있다거나, 꼭 도와주어야 할 사람이 있다거나, 정신적으로 도와주어야 할 사람이 있다면 스스로 만든 그 기도 발원문을 읽은 뒤에 그 사람의 생년월일과 이름을 부르면 됩니다. 그리고 이름

끝에는 '보체(保體)'라는 말을 붙이면 됩니다. '보호할 보(保)' 자에 '몸 체(體)' 자를 써서, '몸을 보호한다'는 뜻으로 축원문의 이름 뒤에 붙여 씁니다. 예를 들면, '○○에 사는 ○○○ 보체'라고 하시면 된다는 겁니다.

우리는 늘 상대를 위해서, 다른 사람을 위해 기도해 주는 불자, 본인을 위해서 부처님 전에 기도하는 겸손한 불자가 되어야겠습니다.

내일 다시 뵙겠습니다.
관세음보살

無―우학
說法大典

21
참회기도

2020. 03. 21. 세계명상센터 보은전

 관세음보살. 유튜브불교대학 시청자 여러분, 반갑습니다.

어떤 분이 제게 편지로 "관세음보살, 스님 제가 참회를 할 일이 많습니다. 참회는 어떻게 하면 되나요?" 하고 아주 간절하게 물어왔습니다. 그래서 오늘은 '참회기도'에 대해서 말씀을 좀 드릴까 합니다.

참회기도의 교과서가 두 개 있습니다. 하나는 '자비도량참법(慈悲道場懺法)[(1)]'이라는 책이고, 다른 하나는 '자비수참(慈悲水懺)'이라는 책입니다. 오늘은 자비수참에 얽힌 얘기를 해 드리도록 하겠습니다.

당나라 의종 때 지현이라는 스님이 있었습니다. 지현 스님은 성격이 아주 차분하면서도 마음이 매우 착했던 모양입니다. 또 정혜(定慧)가 반듯하여 모든 대중들로부터 인정을 받았습니다. 그래서 대중들이 이만한 보살이 없다 하며 그에게 간병의 소임을 맡겼습니다. 간병은 착한 사람이 아니면 간병을 할 수 없습니다. 간병만 한 보살행이 없습니다. 요즘 병원마다 간병 일을 하시는 분들이 많은데 그분들이 모두 보살입니다.

아무튼 간병 소임을 맡은 지헌 스님이 열심히 하루하루를 살고 있던 어느 날 저녁, 칠흑같이 어두운데 한 노스님이 찾아왔습니다. 그래서 객실을 하나 내어 주었습니다. 객실에서 하루를 자고 그다음 날 보니 이 노스님이 환자였습니다. 요즘 말로 하면 나병, 즉 문둥병 환자였던 모양인지 온몸에 부스럼이 일어나 있었습니다. 그것을 본 다른 대중들은 다 기겁을 하고 도망갔습니다. 하지만 간병을 맡았던 지헌 스님은 더럽다 생각하지 않고 스님을 간호하기 시작했습니다.

노스님은 몸이 성치 않다 보니 성질을 얼마나 부렸는지, 죽이라도 끓여 가면 죽을 발로 차고 엎어버리는 등의 일이 한두 번이 아니었습니다. 그래도 지헌 스님은 묵묵히 간병을 하면서 어디 어디에 약이 좋다 하면 쫓아가서 약을 구해와 약을 달여 노스님에게 먹이곤 했습니다.

하루 이틀도 힘든데 3개월을 아주 지극정성으로 간호를 했습니다. 그랬더니 병이 차츰차츰 낫더니 결국 완전히 다 나았습니다. 참 대단한 일이 일어난 것입니다. 병이 다 나은 노스님이 절을 떠나시면서 지헌 스님에게 말했습니다.

"내가 보니 당신은 큰 보살이다. 참으로 대보살이라, 이러한 공덕으로 당신은 앞으로 국사가 될 것이다. 후일 분명 나를 찾아올 일이 있을 것이니, 다룡산으로 오라. 와서 보면 두 소나무가 있을 것인데, 그 두 소나무 사이에 영지라고 하는 신령스러운 못이 하나 있을 것이다. 그곳에 정자가 하나 있으니 그리로 찾아오라."

그 후 지헌 스님은 그 덕망이 더욱더 소문이 났습니다. 당시는 모두 불교를 믿던 시대라 덕망이 높은 스님 중에서 국사, 즉 나라의 스승을 뽑았던 시대였습니다. 그래서 나라의 스승, 국사를 구하려고 온 나라에 방을 붙였더니, 온 스님들이 한결같이 지헌 스님을 추천하였습니다.

"지헌 스님은 나이가 많지는 않으나, 진정으로 하심하고 덕망이 매우 높으며 자비심이 많으니 반드시 국사가 되어야 합니다."

스님들 모두가 이렇게 청하자 당시 황제였던 의종 황제가 지헌 스님을 국사로 책봉하였습니다. 국사가 된 지헌 스님은 그 이름도 바뀌어 오달 국사가 되었습니다. 그런데 국사의 생활이라는 게 본의 아니게 좋은 옷을 입어야 하고, 문무백관(文武百官)들이 와서 절을 하면 그 절을 다 받아야 하는 등 호사스럽고 사치스러운 생활을 하지 않을 수가 없는 것이었습니다. 게다가 수행할 시간도 부족하다 보니 마음 가운데 서서히 상(相)이 돋아났습니다. 아상(我相), 인상(人相), 중생상(衆生相), 수자상(壽者相)이라는 상이 돋아나면서, 서서히 '스님 물'은 점점 옅어지고 '중생 물'이 들기 시작했습니다.

그즈음 오달 국사의 허벅지에 종기 같은 것이 났는데, 그 크기가 점점 커지는 것이었습니다. 심지어 옷이 스치면 얼마나 아픈지 까무러칠 정도까지 됐습니다. 그리고 그것은 계속해서 점점 더 커지더니 허벅지 반쯤, 그러니까 얼굴 크기만큼의 종기가 되었습니다.

이것이 바로 창(瘡)입니다. 그런데 창도 사람의 얼굴을 닮은 창이라 '인면창(人面瘡)'이 되었습니다. 사람의 얼굴을 닮은, 그러니까 눈도 있고, 코도 있고, 입도 있는 그런 모양이 딱 생겼습니다. 설상가상으로 오달 국사의

귀에 헛것이 들리는지 인면창이 말까지 하는 것입니다. 음식을 먹을 때가 되면 "왜 너만 먹냐? 나도 먹자." 하면서 밥도 못 먹게 하는 것입니다.

그러니 얼마나 스트레스를 받았겠습니까? 이제는 사는 게 사는 게 아닌 게 되었습니다. 말만 국사지 인면창 때문에 너무 살기가 힘들었습니다. 아프기도 하거니와 허벅지에 난 인명창이 귀찮게 하는 통에 국사 일도 할 수 없을 정도였던 것입니다.

그러던 어느 날 누워서 곰곰이 생각을 했습니다. '도대체 무슨 업으로 인해 이러한 업병이 생겼는고?' 이렇게 생각을 하다가, 옛날 젊은 시절에 자신이 간호를 해주었고 그로 인해서 병이 나았던 노스님이 하신 밀씀이 생각났습니다. 그 길로 오달 국사 지헌 스님은 모든 것을 다 내팽개치고 야반도주해서 노스님이 가르쳐준 대로 다룡산 두 소나무를 찾아갔습니다. 아니나 다를까 정말 거기에 정자가 하나 있었습니다. 그리고 정자 위에는 옛날에 자기가 치료해 주었던 스님이 거기에 앉아 계셨습니다.

오달 국사가 다가가자 "그래, 자네가 올 줄 알았네. 잘 왔다." 하시면서, "영지 밑에 가서 그 물로 씻으면 다 나을 것이다. 걱정 안 해도 된다." 이렇게 대수롭잖게 말씀하시는 것이었습니다. 오달 국사는 스님께 인사를 드리고, 스님께서 가르쳐 주신 대로 그 아래로 내려가 막 물로 씻으려고 하는데, 인면창이 말을 하는 것이었습니다.

"잠깐만 내 말을 들어 보아라. 너는 내 정체가 무엇인지 알고 싶지 않느냐?"라고 하는 것이었습니다.

"나는 한나라 경제 황제 때의 재상 '차보'이었다. 그때 너는 오나라의 재상인 '원익'으로 살고 있었을 때인데, 네가 우리나라에 사신으로 왔다. 그런데 사신으로 와서는 네가 나와 무슨 오해가 있었는지 황제에게 거짓 밀고를 하는 바람에 내가 참형을 당했다.

그런데 그다음 생부터는 네가 늘 스님 생활을 했다. 네가 스님 생활을 늘 다부지게 하는 바람에 내가 너를 괴롭힐 여유를 주지 않았다. 네가 수행을 너무도 잘했기 때문에 너에게 복수할 수 있는 기회를 내가 잡지 못했다.

그런데 네가 국사를 하면서 너의 마음에 빈틈이 많이 생겼다. 그래서 내가 너의 허벅지에 인면창으로 붙을 수 있었다."

또 말하기를 "네가 지극정성으로 간호했던 그 사람은 빈두로(賓頭盧)라고 하는 존자이시다."

즉, 저기 앉아 계신 저분은 빈두로 존자라는 것입니다. 빈두로 존자를 지극정성 치료해 줬기 때문에 신장의 도움과 빈두로 존자의 법력으로 인면창을 떼어 낼 수 있는 기회를 얻었다는 그런 얘기였습니다.

여기서 생각해 보자면, 허름하고 볼품없는 사람일지라도 절대 무시하지 말고 도와준다면 후일에 다 복이 된다는 것을 알 수 있습니다.

계속해서 인면창이 말했습니다.

"너는 빈두로 존자의 가피로 인면창인 나를 없앨 수가 있게 된 것이다. 이쯤 보니 나도 이제 원수 갚을 일은 다 갚은 것 같다. 너를 국사에서 떨어뜨릴 정도 했으니 말이다. 이제 나는 내 갈 길로 갈 테니, 여기서 모든 원한을 풀자. 더는 괴롭히지 않을 테니 잘 살아라. 빈두로 존자께서 하신 말씀처럼 이 물로 씻어라. 그러면 너는 괜찮아질 것이다."

인면창의 말이 끝난 후 오달 국사가 물로써 씻으니 씻은 듯이 인면창이 없어졌습니다. 완전히 깨끗해졌습니다.

그 후 지헌 스님은 자비수참(慈悲水懺)이라는 책을 지었습니다. 자비수참의 수 자가 '물 수(水)' 자입니다. 말 그대로 성인의 삼매의 물로 오랜 원한을 다 씻어 내렸다는 뜻을 가진 책이 이 자비수참입니다. 이 책을 지은 후 스님은 말씀하셨습니다.

"원한 관계로 살기가 힘든 사람들이 이 자비수참을 가지고 기도를 하게 되면 원한을 다 쉬게 되고 사는 것이 평탄해질 것이다."

그렇게 해서 자비수참이 참회기도의 교과서로 나오게 된 것입니다. 참회를 할 일이 있다면, 참회를 해야 합니다(1). 참회를 할 일이 있는데 안 하면 그것이 업이 돼서 사는 것에 장애가 많고 힘들어지는 것입니다. 참회할 일이 있으면 참회해 버리면 됩니다. 솔직하게 '내가 다

참회할 일이다', '내 잘못이다'라고 솔직히 고백하고 참회하면 됩니다. 그러면 업으로 남지 않습니다.

자비수참 책이 있는 사람은 이 책을 가지고 21일이면 21일 동안, 매일 한 2시간씩 책을 보며 기도하면 됩니다. 또는 일주일에 한 번씩만 해야겠다는 사람은 이 책을 가지고 일주일에 한 번씩, 2시간씩 하면 됩니다. 또 자비수참이나 자비도량참법 기도회가 더 있을 겁니다. 그런 기도회에 들어가서 기도하는 것도 좋은 방법입니다. 만약 자비수참 책을 가지고 하는 것이 번거롭다면 매일 하는 기도로 백팔대참회문을 가지고 하는 방법이 있습니다. 이 또한 참회기도 중 한 방법입니다.

제가 쓴 불교의범 349쪽에 백팔대참회문이 나옵니다. "대자대비민중생 대희대사제함식 상호광명이자엄 중등지심귀명례…" 이렇게 시작되는 백팔대참회문입니다. 이와 관련된 영상이 이미 유튜브불교대학 채널에 잘 올려져 있습니다. 그것을 참고하셔도 좋겠습니다.

성철 큰스님께서도 많은 신도들에게 백팔대참회문을 가지고 참회하라고 권유하셨습니다. 그래서 한국불교대학 大관음사에서는 매일 백팔대참회문을 읽으면서 108배를 합니다. 제가 1992년도에 한국불교대학 大관음사를 창건했는데, 창건한 그날부터 28년 동안 하루도 빠짐없이 전체 신도들이 사시불공 시간에 108배를 하면서 백팔대참회문을 읽습니다.

만일 백팔대참회문을 가지고 매일 108배를 하신다면 자비수참이나 자비도량참법과 같은 책으로 따로 하지 않으셔도 됩니다. 백팔대참회문을 가지고 108배를 매일 하신다면, 그날 또는 그 전날, 혹시 좀 잘못함이 있었다 하더라도 백팔대참회문을 함으로써 그 업이 상쇄되었다고 볼 수 있겠습니다. 만일 그것으로도 마음이 완전히 쉬어지지 못했다면 자비수참이나 자비도량참법 기도도 같이 좀 해 보시라는 말씀을 드립니다.

우리는 늘 참회하는 마음으로 사는 것이 좋습니다. 참회한 만큼 신(身)·구(口)·의(意), 즉 몸과 입과 생각의 업이 청정해집니다. 그러면 살기가 좀 수월해집니다. 또 늘 참회를 하고 사는 사람은 사는 것이 넉넉하다 하더라도 사치하고 화려한 생활을 하지 않습니다. 늘 검소합니다. 그리고 늘 참회하고 늘 자기 자신을 돌아보는 사람은 절대 남을 해롭게 하지 않습니다. 남을 위해 좋은 일을 하려고 늘 노력합니다. 그렇게 해야 하는 것입니다. 또한 거만한 생각들을 잘 하지 않고, 절대 화내지 않고, 상 내지 않고, 겸손하게 살아가는 수가 많습니다.

우리는 늘 참회하는 그런 불자, 참회기도 하는 불자, 백팔대참회문이라도 매일 읽으면서 예경하는 불자가 되셨으면 합니다.

내일 다시 뵙겠습니다.
관세음보살

참고하시면 좋은 법문
(1) 참회 하라, 자비도량참법(유튜브 생활법문)

無一우학
說法大典

22
작명, 개명에 대하여

2020. 03. 22. 세계명상센터 보은전

※ 불교신문 기획연재 '우학스님의 유튜브 불교대학'의 글을 그대로 수록하였습니다. 생생한 우학 스님의 설법은 유튜브에서 확인하시기 바랍니다.

 관세음보살. 유튜브불교대학 시청자 여러분, 반갑습니다.

어떤 분이 제게 편지를 보내왔습니다.

"스님, 제가 개명(改名)을 하려고 하는데, 개명을 하면 사는 것이 좀 나아질까요? 어디 가서 물어보면, 모두 이름 때문이라고 하는데, 정말 그런 건가요? 스님의 고견을 듣고 싶습니다."

요즘 와서 이런저런 이유로 개명, 즉 이름을 바꾸려는 분이 많은 것 같습니다. 제 개인적 견해로는 이름이 운명에 미치는 영향은 크지 않다고 생각합니다. 한 5% 정도라고 봅니다. 우리의 운명을 형성하는 요소에 대해 이미 말씀드린 바가 있습니다. 전생과 현생을 반반으로 보고 이 현생 50% 가운데, 마음에너지가 25%요, 환

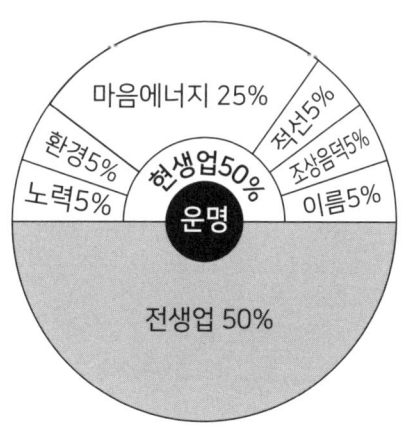

경 · 노력 · 적선 · 조상의 음덕 · 이름이 각각 5%로 생각합니다.

  도표에서 보듯이 이름의 기운이 우리 운명에 큰 작용을 하지 않는 것이니 개명을 해서 팔자를 고쳐보겠다는 기대는 하지 않는 것이 좋습니다. 그리고 유념할 것은 설령 이름을 바꿨다고 하더라도 당장 기운을 받는 것은 아닙니다. 이름을 바꿨다면, 적어도 3, 4년 정도는 그 이름이 익숙해질 때까지 계속, 새로 받은 이름, 즉 개명한 이름을 하루에 108번씩은 써야 합니다. 마치 사경하듯이 써야 합니다. 그러면 겨우 그 기운을 좀 받을 수 있을 것입니다. 답답하니까 개명도 해보는 것이지만, 연세가 60이 넘었다면 신중히 생각해봐야 합니다. 이름 하나 바꾸는 것이 예삿일이 아닙니다. 개명하게 되면 주민등록증, 여권, 은행 통장까지 싹 다 바꿔야 하는 거니까 보통 번거로운 일이 아닙니다.

  한편, 이름으로 운명을 감정하는 것은 맞지 않습니다. 더러 '이름으로 운명을 감정한다' 해서, 성명 석 자(때로는 두 자~넉 자)를 두고 왈가왈부하는 사람들이 있습니다만 다 쓸데없는 짓입니다. 이름이 운명에 미치는 영향이 5퍼센트 정도로 미미한데, 이것으로 운명을 감정한다면 천부당만부당한 일입니다.

그러므로 이름으로 자기 운명을 딴 사람에게 절대 감정을 의뢰해서는 안 됩니다. 연세가 든 사람들은 제 얘기를 잘 귀담아듣고, 개명으로 요행수를 바라는 일이 없어야 하겠습니다. 대신에 신생아, 즉 새로 태어난 아이의 작명(作名)에 대해서는 신경을 많이 써야 합니다. 누가 이름을 지어도 지어야 하는 거니까, 제대로 작명하는 사람에게 맡길 필요가 있습니다. 만일 자기가 다니는 절의 스님이 작명에 대해서 조예가 있다면, 그 스님에게 맡기는 것이 최상책입니다. 포교적인 면에서 보더라도 그러합니다.

작명학도 예로부터 내려오는 하나의 학문입니다. 좋은 이름은 상당한 지식이 필요합니다. 작명에 대한 경험과 기본 지식이 있는 스님이라면 새로 태어난 아들, 딸 또는 손자, 손녀의 이름을 그 스님에게 맡기는 것이 좋겠다는 말씀입니다.

*중요한 것은 마음의 에너지를 극대화하는
정통 수행을 열심히 하는 일!*

그럼 지금부터는 작명학의 입장에서 유념해야 할 것들에 대해서 소개하겠습니다.

첫째는 현시대의 분위기에 맞는 이름을 지어야 합니다.

둘째는 발음상, 부르기 쉽고 놀림감이 되지 않는 이름이라야 좋습니다. 그러면서 다른 친척이나 집안의 어른들과 중복되지 않는 이름이라야 합니다.

셋째는 획수가 잘 맞아야 합니다. 성명이 주로 석 자라고 보면, 초·중·끝자의 서로의 합한 수를 잘 맞추어야 합니다. 즉, 초자와 중자의 합한 수, 초자와 끝자의 합한 수, 중자와 끝자의 합한 수, 초·중·끝자를 다 합한 수가 잘 나와야 합니다. 옛날부터 작명학에서는 이 글자들의 합한 수를 대단히 중요하게 생각해왔습니다. 이 합한 숫자가 '수리적으로 좋은 수가 되어야 한다'는 것입니다. 좋은 숫자는 다음과 같습니다.

1, 3, 5, 6, 7, 8, 11, 13, 15, 16, 17, 18, 21 23, 24, 25, 29, 31, 32, 33, 35, 37, 38, 39, 41, 45, 47, 48, 52, 58, 61, 63, 65, 67, 68, 73, 75, 81

이 숫자는 태극도식(太極圖式)에서의 수리(數理)이므로 다른 작명학의 경우에는 좀 다를 수도 있으나 대동소이합니다.

아무튼 성명 석 자의 각 글자의 획수를 이리저리 합했을 때, 숫자가 위의 숫자가 나와야 좋습니다. 이런 숫자 개념을 고려하지 않았을 경우, 나중에 본 아이가 커서 어떤 일이 생겨, 어디 가서 물었을 경우에 '작명이 잘못되어서 그렇소' 라는 소리를 들으면 마음에 큰 상처를 받게 됩니다. 불자들은 어디 가서 묻지 말라고 해도 잘 묻는 수가 많으니 강조해서 하는 말입니다. 따라서 신생아 이름은 반드시 정통 작명학의 입장에서 짓는 것이 맞다고 봅니다. 신생아의 경우에는 운명에 있어서 이름 5%의 비중도 적지 않다고 봐야 합니다.

아무튼 작명학은 획수를 많이 따집니다. 이름에 죽을 사(死)가 들더라도 획수가 맞으면 괜찮다고 주장하는 사람도 있을 정도입니다. '획수만 좋으면 다 좋다' 는 게 작명학의 대세이니 잘 참고해야 합니다.

또 획수를 따지는 데 있어서 예외 조항도 있으니 좀

복잡하기도 합니다. 예를 들면, 우리가 흔히 쓰는 '삼수변'은 '氵' 이렇게 쓰고, 4획으로 처리합니다. 이런 글자들이 많습니다.

 넷째로는 '불용(不用) 한자'라고 해서, 작명에 쓰지 않는 한자가 있다고들 합니다. 하지만, 제 개인적 생각에는 불용 한자는 그렇게 중요하지 않다고 봅니다. 불용 한자는 이를테면, 계절을 나타내는 춘(春), 하(夏), 추(秋), 동(冬)과 같은 글자들과 또 완벽이나 아주 최상, 좋은 것을 나타내는 글자들로 곧을 정(貞), 용 용(龍), 범 호(虎), 학 학(鶴), 아름다울 미(美), 날 일(日), 달 월(月), 별 성(星), 어질 인(仁) 같은 경우가 그 예입니다. 저의 속명에 '기쁠 희(喜)'가 들어있는데 정통 작명에서는 이 글자도 불용 한자로 분리하고 있습니다만, 사실은 희(喜) 자는 항렬이기 때문에 어쩔 수도 없습니다. 그러니 불용 한자는 조금 참고만 하면 됩니다.

 한편, 잘 아는 스님이 이름을 지었는데 인터넷 등에 불용 한자라고 나와 있으면 '음양오행의 다른 기운을 맞추기 위해서 이 글자를 썼겠지' 하고 생각해야 합니다.

작명이 단순한 일이 아니기 때문입니다. 다른 요인을 고려하는 수도 있습니다.

  결론적으로 말씀드리자면, 신생아의 작명은 공부를 한 전문가나 스님에게 맡기는 것이 좋습니다. 대신에 이미 쓰고 있는 이름을 바꾸려면, 한 3, 4년 이상 사경하듯이 새 이름을 '자기것화' 하려는 노력이 있어야 합니다. 만일 어떤 이유로 개명을 했다면 다시는 이름에 집착하지 말아야 합니다. 대신, 현생의 운명을 좌우하는 가장 큰 비중인 마음 에너지를 극대화하려는 정진이 있어야 합니다. 마음 에너지, 즉 마음의 상, 심상(心相)만 잘 쓰면 전혀 다른 인생을 살 수 있습니다.

  항상 기도, 참선하십시오. 마음공부를 열심히 하시면, 설령 이름이 좀 좋지 않다 하더라도, 현재 당면하고 있는 여러 문제를 극복하고, 얼마든지 더 좋은 세상으로 나아갈 수 있습니다.

  우리 모든 존재들은 행복을 추구하며 살아갑니다. 그 행복을 추구함에 있어서는 갖가지 방법이 동원됩니다. 이미 누누이 말씀드렸듯이 좋은 환경, 조상의 음덕, 적선, 부단한 노력, 멋진 이름 그리고 마음 에너지가 있습니다. 이 중에서 제일 중요하고 큰 비중을 차지하는 것은 마음 에너지입니다. 이 마음 에너지만 잘 쓰면 고착화된 전생의 업장도 녹일 수가 있습니다. 열심히 수행정진하면 현재의 모든 한계를 벗어날 수 있습니다.

최종 결론입니다.

지금 쓰는 이름 때문에 마음이 심히 찜찜하면, 40세 이전의 경우는 개명을 고려할만합니다. 하지만 50, 60세 이상은 크게 소용이 없습니다. 한편, 신생아의 경우에는 정통 작명학의 기준대로 짓는 것이 좋습니다.

작명이 보통 인식의 비중에는 너무도 크므로, 불교의 범주를 벗어난 것 같지만, 말씀드렸습니다. 무엇보다도 중요한 것은 마음의 에너지를 극대화하는 정통 수행을 열심히 하는 일입니다. 그것이야말로 진정 좋은 운을 부르는 최선의 길입니다.

내일 다시 뵙겠습니다.
관세음보살

無一우학
說法大典

23
절 생활의 기본,
은퇴자 출가에 대하여

2020. 03. 23. 세계명상센터 보은전

관세음보살. 유튜브불교대학 시청자 여러분, 반갑습니다. 오늘은 '은퇴자 출가'와 아울러서 절 생활의 기본에 대해서 말씀을 좀 드리겠습니다.

요즘 와서 출가에 대한 문의, 특히 은퇴자 출가에 대한 문의가 많습니다. 은퇴자 출가라고 하면 세속의 직장에서 은퇴를 한 뒤 출가를 할 수 있는 제도입니다. 그런데 대부분 은퇴자 출가 희망자들이 절에 들어오면 그냥 노는 줄 알고 문의하는 수가 많습니다. 은퇴자니까, 은퇴자 출가니까, 예외 조항을 둬서 그냥 편히 놀게 하지 않겠는가, 그런 기대를 가지고 문의하는 수가 많다는 겁니다. 그런데 "새벽 3시, 4시에 일어나야 합니다."라고 하면 열의 아홉이 "그러면 저는 출가 못 하겠습니다."라고 합니다. 지레 항복하고 포기합니다.

은퇴자 출가에 대해서 좀 더 말씀드리겠습니다.

우선 조계종의 정식 출가 연령의 한계는 만 50세까지입니다. 조계종으로 출가를 하게 되면 교육 기관도 많고 참선할 수 있는 선방 또한 잘 갖추어져 있어서 어디 가든지 다 참선할 수 있고, 어디 가든지 교육받을 수 있고, 어디 가든지 밥 먹여주고 재워주는 등 그런 것이 참 잘 되어 있습니다. 그래서 대부분 조계종을 찾는 것입니다.

이러한 조계종의 정식 출가는 50세까지입니다. 하지만 51세부터 65세까지 출가할 수 있는 특별한 장치가 생겼으니, 그것이 바로 은퇴자 출가자 제도입니다.

은퇴자 출가를 하려면 몇 가지 조건에 부합해야 합니다. 우선 국민건강보험증이 있어야 합니다. 그리고 국민연금을 내는 확인서가 있어야 하고, 또 개인연금을 내는 확인서가 있어야 합니다. 또 15년간 사회에서 근속 근무했다, 즉 생활 잘 했다는 확인서가 반드시 있어야 합니다. 15년 이상 사회에서 근속 근무를 할 정도로 살았으면 사회에서 잘 산 것이지 않겠습니까? 그러한 확인서가 필요합니다.

절에 들어온 일반 50세 미만의 일반 출가자들의 행자 생활은 한 6개월쯤 됩니다. 옛날에는 2년도 되고 3년도 됐는데, 요즘은 출가자가 많이 줄어들어서 행자 기간을 한 6개월로 많이 줄였습니다.

그런데 은퇴자 출가는 출가자의 나이가 많음에도 불구하고 오히려 그 나이는 전혀 고려되지 않고 행자 기간이 1년 이상입니다. 1년 이상 행자 생활을 해야 하는 것입니다. 일반 출가자에 비해 배 이상으로 행자 생활 기간이 깁니다.

이런 모든 조건이 맞아서 출가했다고 할지라도 그 생활이 만만치가 않습니다. 거의 아들딸 뻘 되는 사람들과 같이 생활을 해야 하기 때문입니다. 나이 60 전후에 출가를 했기 때문에 일찍이 출가한 사람은 손자뻘은 아니라 할지라도 거의 아들딸 뻘입니다. 그들과 같이 생활을 해야 합니다.

단순한 생활만 하는 것이 아니라 출가를 하였으면 상원을 가든 학교를 가서 공부도 해야 합니다. 그런데 나이가 어린 사람들과 같이 그 모든 것을 하며 어울려 산다는 것이 정말 사회에서 웬만큼 수행이 되지 않은 사람은 버티기가 힘듭니다. 정말 하심(下心) 해야 합니다. 그게 정말 만만치 않습니다.

제가 이 말씀을 드리는 것은 아주 대단한 결심을 해

야 한다는 겁니다. 만일 대단한 결심을 해서 그 모든 것을 다 이겨낼 수 있다면, 그 사람은 큰 공부를 하고 장차 도인이 될 것입니다. 그리고 또 체력도 아주 좋아야 합니다. 새벽 3시, 4시에 일어나서 저녁에 9시, 10시까지 전혀 쉬지 않고 울력하고 공부하고 또 참선도 하는 등 많은 것을 해야 하다 보니, 체력 좋은 젊은 사람들도 힘에 부쳐서 낮에 꾸벅꾸벅 조는 수가 많습니다.

젊은 사람도 그럴진댄 나이 많아서 출가한 은퇴자 출가자 입장에서는 더욱 체력이 달리는 수밖에 없습니다. 과연 그것을 이겨낼 수 있겠는가, 여기에 대해서도 생각을 해 봐야 합니다. 생각하시는 데 조금이나마 참고가 될까 하여 절 생활의 기본 스케줄에 대해서 말씀을 좀 드리겠습니다.

보통 대중들이 많이 모여 사는 선방이나 강원이 있는 큰 절에서는 주로 새벽 3시나 4시에 일어납니다. 요즘은 저녁 시간 뉴스가 9시에 나오니 시간을 1시간씩 물린 데가 더러 있습니다. 10시에 자고 4시에 일어나는 데가 더러 있습니다. 3시가 됐든 4시가 됐든 선방에서는 주로 3

시에 기상합니다. 일어나면 새벽예불을 하게 됩니다. 새벽예불을 한 뒤 6시까지 선방에서는 참선(參禪)을 하고요. 일반 절 같으면 기도하고 간경(看經), 즉 경전을 보는 등 3시간 또는 2시간 정도 되는 새벽 시간을 절대 허비하지 않습니다. 다부지게 이 시간을 다 채워야 합니다. 6시가 되면 공양을 합니다. 공양이 끝나면 울력 시간입니다. 오전 8시부터 10시까지는 강원에서는 경전 공부를 해야 하고, 선방에서는 또 참선을 합니다.

참선을 많이 하는 선방은 하루 14시간 합니다. 하루 14시간동안 참선을 하자면, 돌아서면 앉아서 참선해야 합니다. 참선을 하루 10시간을 한다 하더라도 일정이 참으로 빠듯한데, 14시간은 정말 빡빡한 일정이 아닐 수 없습니다. 그런데 이 참선을 많이 하는 데는 16시간까지도 합니다.

아무튼 그리하자면 체력이 정말 중요한데, 나이 50, 60 넘어가면 체력적으로 많이 달리는 것이 사실입니다. 그래서 앞서 체력이 중요하다는 말씀을 드렸던 것입니다.

그다음, 다시 10시부터 11시 30분까지는 사시불공하고 사시마지 올리고 그럽니다. 11시 30분부터 12시 30분 이때 겨우 공양합니다. 공양하는 1시간 정도만 쉴 수 있지 나머지는 수행 아니면 울력하는 시간입니다. 12시 30분부터 2시까지는 개인 청소하고 빨래하는 등 그런 시간으로 보냅니다. 그리고 2시부터 5시까지 강원에서는 경전 공부를 해야 하고, 선방이나 율원에서는 그 나름의 수행을 해야 합니다.

5시 30분부터 6시 30분까지는 저녁 공양 시간입니다. 저녁 공양은 간단하게 할 때가 많습니다. 저녁 공양 1시간 정도 보낸 이후, 7시부터 10시 또는 9시까지는 또 정진입니다. 저녁 정진해야 합니다. 강원 같으면 공부, 율원과 선원 같으면 또 나름의 정진을 해야 합니다.

이것이 현실입니다. 보통 문제가 아닙니다. 결코 만만하고 쉬운 길이 아닙니다. 만일 절에서 울력이 있다고 하면, 정진 시간을 빼서 울력합니다. 모든 대중이 함께하는 울력 시간에 혼자만 빠지면 안 되지 않습니까? '나는 힘이 없다', '나는 나이가 많으니까 좀 빼 주면 안 되겠느냐? 그런 예외는 없는 겁니다. 울력이라 하면 모내기 할 때도 울력하고요. 감자 심기를 할 때도 울력합니다. 풀 뽑기를 할 때도 울력합니다. 울력 시간이 많습니다.

작은 절이나 개인 절에 스님 한두 명 있는 것을 더러 보셨을 겁니다. 그런 절은 그런 절들대로 또 바쁩니다. 물론 작은 절이라도 주지 스님을 할 정도면 법랍이 15년, 20년 되기 때문에 이력이 났겠지요. 그래도 그 나름 법문 준비해야 하고, 살림 다 돌봐야 하고, 또 전체 절 도량 관리를 해야 하므로 절대 만만치가 않습니다. 그리고 또 기도 축원까지 다 해야 하지 않습니까?

절 생활이 쉽다고 생각하면 큰 오산입니다. 어찌 보면 군대 생활보다도 더 힘들 수 있습니다. 그 점을 단단히 각오하고 출가하셔야 합니다.

한국불교대학 大관음사의 경우를 보면, 부처님 오신 날 연등 동참 선물로 도자기를 만들고 있는데, 오늘도 전체 대중들이 모여서 그 울력을 해야 했습니다. 또 율무 염주 가꾸는 울력, 또 풀 맬 때도 울력, 또 연 심을 때도 울력, 또 차(茶) 나무, 차(茶) 심을 때에도 울력, 이렇게 울력이 틈틈이 있습니다. 이러한 울력을 할 때도 절대 빠져서는 안 된다, 그런 각오가 단단히 돼 있어야 출가를 할 수 있는 겁니다.

젊은 사람이라면 관계없습니다. 나이 30, 40 정도 까지만 하더라도 그냥 돌아가는 대로 참여하면 되는데, 연세가 60이 넘어서는 좀 힘들지 않을까 생각을 합니다. 혹시 50에서 60까지는 은퇴자 출가자에 지원을 해 보는 것도 괜찮습니다. 힘들면 돌아가면 되기 때문입니다.

그런데 60이 넘은 연세에 은퇴자 출가로 출가를 한다는 것에 대해서는 생각을 상당히 많이 해 보셔야 합니다. 나이 이런 스님들과 같이 생활하는 것도 힘든 일이고, 무엇보다도 체력이 많이 달릴 수가 있습니다. 체력이 감당이 안 됩니다. 그러므로 연세가 60 이상 되신 분들은 이 생에서는 재가자 모습 이대로 더 열심히 수행하십시오. 절에 열심히 다니면서 공덕을 많이 지어서 다음 생에 좀 일찍이 출가하는 원을 가지고, 이번 생 동안에는 재가자 생활을 잘 하시는 것이 좋지 않을까, 저는 그렇게 권해 드립니다.

옛날에는 나이 40 이상은 출가를 하지 못하던 때도 있었습니다. 나이 50 이상의 은퇴자 출가제도는 2, 3년 밖에 안 된 것입니다. 원천적으로 안 되는 것인데 예외조항으로써 넣어놨습니다.

재차 저의 개인적인 생각을 말씀드립니다. 나이 60이 넘은 분들은 이번 생에서는 재가자로 살면서 복도 많이 짓고, 절에 다니면서 공덕도 많이 짓고, 봉사활동도 많이 하세요. 그래서 '다음 생에 좀 더 건강하고 복덕과 지혜가 있는 사람으로 세상에 와서 그때 일찍이 출가를 해야겠다' 이런 생각을 해 주신다면 그것이 더 낫지 않겠나 싶습니다.

언제나 자기 자신을 늘 살피고, 자기 개인위생을 늘 살피는 그런 생활을 하시길 바랍니다.

내일 다시 뵙겠습니다.
관세음보살

無―우학
說法大典

24
화엄성중,
신장이 지켜 준다

2020. 03. 24. 세계명상센터 보은전

 관세음보살. 유튜브불교대학 시청자 여러분, 반갑습니다.

오늘은 음력 3월 초하루입니다. 초하룻날을 맞이해서 오늘은 특별히 화엄성중, 화엄신장에 대해서 말씀을 좀 드리겠습니다. 만일 대유행 역병이 아니었다면 절에 모여서 신중기도를 다 같이 올리고, 공양도 같이 하고, 또 다니는 사찰의 스님들로부터 초하루 법문도 듣는 등 그렇게 하면 참 좋았을 텐데 참으로 안타까운 현실입니다. 하지만 국가 사정이 이러하고, 세계 사정이 이러하니 우리는 이런대로 잘 맞추어서 살아야겠습니다. 잘 참고 견디다 보면 이 모든 것들이 전화위복(轉禍爲福)이 되어 더 좋은 날이 올 것입니다.

오늘은 초하루 신중기도일이니, 먼저 화엄성중 정근을 같이 잠시 하겠습니다.

"화엄성중 화엄성주 화엄성중 화엄성중 화엄성중……"

이것을 '화, 엄, 성, 중' 이라고 똑똑히 발음해야 합니다. 언젠가 외지에서 오신 신도님 한 분이 "스님, 오늘 초하룻날이라서 화엄서주를 많이 했습니다."라고 하는 것이었습니다. 처음에는 제가 못 알아들었는데 가만 보니 법요집과 같은 의식집 없이 화엄성중이라는 것을 듣기만 하니, 그런 오류가 생긴 것 같습니다.

화엄성중으로 발음하셔야 합니다. 화엄신장님들의 힘으로 가정이 다 편안하고, 가족들이 다 건강하시기를 진심으로 기도 축원을 드립니다. 그 마음을 담아 간단하게나마 기도 및 축원문을 같이 읽도록 하겠습니다.

"앙유(仰惟) 절이(切以) 삼주(三洲) 호법선신(護法善神) 위태천존(韋太天尊) 동진보안대보살(童眞普眼大菩薩) 첨수연민지지성(僉垂憐愍之至成)"

불교의범 65쪽 '신중유치'를 다함께 보겠습니다.

"항상 보살펴 주옵시는 신령하신 화엄성중님, 자재하신 신통력과 끝없는 위신력으로 삿된 마구니를 꺾고 정법의 깃발을 높이 세우시니, 그러므로 저희 정법 제자들은 귀명정례 하나이다.

 저희들의 지난날을 생각하오면 시작 없는 옛적부터 내려오면서 햇빛 같은 밝은 성품 등져버리고 탐진 사견 온갖 번뇌 지어 왔으되 미혹하고 우둔한 성품 탓으로 어떤 것은 기억에 있기도 하고 어떤 것은 잘못된 줄조차 모르니 이제라도 저희들 정법 제자는 행동과 말과 생각, 신(身)·구(口)·의(意) 삼업을 맑히고 비워 바르게 하오리니 저희 향한 보살핌 거두지 마옵시고 저희 가정과 우리 이웃들을 온갖 사악한 것들로부터 지켜주시옵소서."

 이것을 신중기도 발원문이라고 볼 수도 있겠습니다. 신중기도에 대해서 좀 더 말씀을 드리겠습니다.

 신중기도는 음력 초하루, 초이틀, 초삼일 이렇게 3일에 걸쳐서 절에서 봉행됩니다. 초하루부터 초삼일까지 하는 기도, 화엄성중 기도는 성불이나 정토세계 나기를 발원하는 그런 거창한 기도는 아닙니다. 그저 살아가면서 가족들끼리 화합하고 싸우지 않고 평온하게 그리고 가족들 모두 건강하게 살기를 발원하는 소박한 기도라고 볼 수 있습니다.

그러므로 어쩌면 가장 현실적인 기도라 볼 수 있습니다. 또 성불이니 정토니 하는 그런 거창한 말들을 가능하게끔 기초를 다지는 기도가 화엄성중 초하루 기도입니다.

아무리 우리가 지고지순한 진리, 지고지순한 세상을 말한다 하더라도 가족들이 건강하고 가정이 평안해야 그런 것도 생각하게 되잖습니까? 그러므로 초하루 기도와 같은 불교 기도는 대단히 현실성을 반영한 기도라고 볼 수 있습니다.

아무튼 오늘 초하루를 맞이해서 가족들이 모두 건강하고 가족 구성원들이 다 평안하기를 진심으로 기도 축원을 올립니다.

'초하룻날 되면 왜 절에 다 모여서 이렇게 기도를 하는가, 혼자 집에서 하면 되지 않나?' 이렇게 생각할 수도 있습니다. 하지만 다 함께 모여서 기도를 하면 서로 에너지를 주고받음으로써 그 에너지가 세 배, 네 배 커집니다. 그러므로 혼자 기도하는 것보다 모여서 기도하는 것이 훨씬 더 그 효과가 큽니다.

그러니 지금의 이 유행병 코로나19가 지나간 후 불자라면 초하룻날에는 반드시 절에 가서 다 함께 기도하고, 다 같이 법문을 듣는 불자가 되셨으면 하는 바람입니다.

우리가 신장(神將)이라고도 하고 신중(神衆)이라고도 합니다. 신장이란 '신의 장수', '신의 우두머리'라는 뜻이고, 신중은 '신장의 무리'라는 뜻입니다. 따라서 '신중기도 한다'는 표현이나 '신장기도 한다'는 표현이나 크게 다른 말이 아닙니다. 신장들은 사실 본래는 다 나쁜 신들이었습니다. 처음에는 나쁜 신들이었는데 부처님의 법문을 듣고 부처님의 교화를 받음으로써 호법(護法) 신장이 된 것입니다. 이들은 부처님 법을 보호하고 부처님 법을 믿고 따르는 정법 제자들을 지키고 보호하겠다는 서원을 세운 신들로 나중에는 선신(善神)으로 변하게 됩니다.

신장들에는 우리가 흔히 듣는 신장도 있고, 우리가 전혀 생각지 못한 신장도 있습니다. 가장 가까이에서 볼 수 있는 신장에는 사천왕이 있습니다. 천왕문 안으로 들어오다 만나게 되는, 눈을 아주 부릅뜬 신장이 사천왕 또는 사대천왕(四大天王)이지요. 그래서 동방에는 지국천왕(持國天王), 남방에는 증장천왕(增長天王), 서방에는 광목천왕(廣目天王), 북방에는 다문천왕(多聞天王)으로 각각의 역할이 있습니다.

　이러한 사대천왕이 있는가 하면, 팔부신장(八部神將)이 있습니다. 천(天), 용(龍), 아수라(阿修羅), 야차(夜叉), 가루라(迦樓羅), 긴나라(緊那羅), 건달바(乾闥婆), 마후라가(摩睺羅伽)를 팔부신장이라 합니다. 팔부신장을 더 확대하여 39위 신장까지 말하기도 합니다. 주로 신중단에 모셔져 있는 신중들은 서른아홉 종류의 신장을 열거하고 있습니다. 서른아홉 종류의 신장이라 하여 39위 신장이라 합니다.

　또 화엄경(華嚴經)에서는 104위 신장까지 말합니다. 화엄경을 설할 때 모여들었던 부처님의 외호 신장을 '104위 화엄신중'이라 합니다. 그래서 정근을 할 때도 화엄경의 '화엄(華嚴)'을 따서 "화엄성중 화엄성중 화엄성중…" 그렇게 하는 것입니다.

　그런데 '나는 부처님 법을 보호하고 지키겠다'라고

서원을 세운 존재들이 모두 신장입니다. 그러므로 104위 뿐만 아니라 부처님의 법문을 들었던 생명 있는 모든 존재들을 신장이라고 볼 수도 있습니다. 따라서 팔만 사천 신장이 있다, 이렇게 봐도 됩니다. 불교에서 팔만 사천이라 하면 끝도 없는 숫자를 말합니다. 끝도 없는 존재들이 부처님의 제자가 됨으로써 모두 부처님 법을 지키고 보호하는 신장이 되는 것입니다.

이러한 신장은 주로 권선징악(勸善懲惡)의 의미를 지니고요. 또 정법수호(正法守護)의 역할을 한다고 볼 수가 있습니다. 그래서 우리 불자들이 화엄성중을 정근을 한 뒤 끝부분 후렴구에서는 '화엄성중혜감명(華嚴聖衆慧鑑明) 사주인사일념지(四洲人事一念知) 애민중생여적자(哀愍衆生如赤子) 시고아금공경례(是故我今恭敬禮)'이라는 게송을 읽습니다. 초하루기도를 부지런히 다니셨던 분들은 아마 대부분 생각이 날 겁니다. 이 부분을 제가 나름대로 해석한 뜻은 다음과 같습니다.

"화엄성중, 즉 화엄신장들은 지혜의 거울이 밝으시니 온 세상 사람들의 일을 한 생각에 아시는데, 중생을 갓난 아기처럼 가엾이 여기시니 이러한 까닭으로 내가 지금 공경해서 예를 올립니다."

이렇듯 화엄성중에 대한 고마움과 찬탄의 내용으로 기도의 끝을 맺고 있습니다. 우리는 초하룻날이면 절에 가서 이 화엄성중 정근을 하면서 기도를 해야 합니다. 하지만 사정이 여의치 못한 관계로 오늘은 제가 기도 겸 법문으로 이렇게 말씀을 드리고 있습니다.

"스님 요즘처럼 절에 못 나갈 경우에는 화엄성중 기도, 즉 초하루기도를 어떻게 하면 좋겠습니까?"

아마 다들 평소 자기가 하던 기도가 있으실 겁니다. 관세음보살 정근을 한다거나 금강경 독송을 한다거나 그러시겠지요. 그런데 초하루, 초이틀, 초삼일 이렇게 3일 동안은 특별히 화엄신장의 이름이 들어있는 화엄경약찬게를 한 편 읽으시면 됩니다. 즉, 각자의 기도를 하되 초하루, 초이틀, 초삼일 동안에는 특별히 화엄경약찬게를 정성껏 봉독하라는 말입니다.

불교의범 77쪽에 화엄경약찬게가 나와 있습니다. 혼

자 읽기가 좀 머쓱하면 유튜브불교대학 채널에 들어가시면 '우학스님 화엄경약찬게' 영상이 잘 제작되어 올려져 있으니, 그걸 틀어놓고 같이 따라 하시면 됩니다. 그냥 또박또박 읽으시면 됩니다. "대방광불화엄경 용수보살약찬게 나무화장세계해 비로자나진법신 현재설법노사나 …… 삼십구품원만교 풍송차경신수지 초발심시변정각 안좌여시국토해 시명비로자나불." 여기까지 하시면 됩니다.

 이렇게 화엄경약찬게를 한 편 곁들이면 절에 나가서 정식으로 기도하는 대신 집에서 신중기도를 했다고 간주할 수 있습니다.

 신중기도는 말 그대로 신장들에 대한 기도이므로 신들을 상대로 한 기도입니다. 다른 종교에서는 신이 대단한 것처럼 얘기합니다. 그런데 불교에서는 제석천이니 하느님이니 하는 모든 신들은 옹호 신장으로서 부처님의 제자로 편입되어 있습니다. 그래서 이런 신들은 부처님보다는 격을 조금 낮추어서 중단(中壇)에 모셔 놓았습니다.

부처님이 모셔져 있는 단(壇)을 불단(佛壇), 상단(上壇)이라 합니다. 상단에는 부처님이 모셔져 있고, 신중들은 중단에 모셔져 있습니다. 그래서 '중단 권공'이라 하여 먼저 부처님 전에 상단 불공을 올리고, 그 마지를 내려서 중단에 신중들에게 드리면서 신중기도를 하게 되어 있습니다. 그러므로 불자들은 우리 부처님은 천중천(天中天), 신중에서 가장 최고의 신, 즉 신들을 부리고 신들을 호령하는 가장 으뜸가는 존재시라는 자부심을 항상 가지고 살아야 합니다.

신을 믿는 종교인들이 뭐라 하더라도 "무슨 소리 하느냐! 우리 부처님은 천중천이시다. 하늘 가운데 하늘이신 분이다." 이렇게 자신 있게 말씀할 수 있어야 합니다.

초하루 신중 기도일을 맞이해서 제가 여러 가지 말씀 드리면서 집에서 신중 기도를 할 수 있는 방법까지 말씀 드렸습니다.

늘 건강하시고 집에서라도 초삼일까지는 화엄경약찬게를 꼭 독송을 좀 하시길 바랍니다.

 내일 다시 뵙겠습니다.
관세음보살

無一우학
說法大典

25
악몽 해결, 꿈에 대하여

2020. 03. 25. 세계명상센터 보은전

 관세음보살. 유튜브불교대학 시청자 여러분, 반갑습니다. 오늘은 꿈에 대한 얘기를 좀 하겠습니다.

어떤 분이 이렇게 질문을 해 왔습니다.

"스님, 제가 악몽을 자주 꿉니다. 가위도 잘 눌리고요. 악몽을 꾸는 날에는 꼭 나쁜 일을 당합니다. 스님의 가르침을 구합니다."

사실은 사는 것이 다 꿈입니다. 꿈속에서도 보면 꼭 현실처럼 느껴집니다. 그렇게 생각해 보면 꿈이 또 현실이 됩니다. 따라서 현실이 꿈이요 꿈이 현실이다, 이렇게 통째로 같이 묶어서 생각하는 것이 좋을 것 같습니다.

우리가 잘 아는 프로이트나 칼 융와 같은 심리학자들도 유식한 체하면서 꿈에 대한 이야기를 많이 해 왔습니다. 특히 프로이트는 본인의 오이디푸스 콤플렉스 때문이었는지 꿈을 온통 성적으로만 풀이를 했습니다. 그것은 다 자기 나름의 개인적인 생각일 뿐, 그것을 옳다, 그르다 하며 판단할 수는 없는 것입니다.

오늘은 불교적 입장에서 '과연 꿈은 무엇일까, 왜 이렇게 꿈이 꿔질까?'에 대한 이야기를 해 보겠습니다.

첫 번째, 꿈이라 하는 것은 망상일 수 있습니다. 생시에도 공연히 망상이 일어납니다. 그런데 쓸데없는 이러한 생각은 육신이 쉬고 있는 무의식중에도 나타나는데, 무의식중에 망상이 일어나면 그것이 바로 꿈입니다. 그래서 꿈은 망상일 수 있다는 것입니다.

두 번째, 꿈은 미래 정보에 대한 예감일 수 있습니다. 간혹 꿈대로 딱딱 맞추는 사람이 있기도 합니다. 내일이나 모레 일어날 일을 꿈으로 맞추는 사람이 있지 않습니까? 그것 역시 꿈의 한 영역이라고 볼 수 있습니다.

세 번째, 꿈은 과거 기억일 수도 있습니다. 생시에도 과거를 기억하지요. 꿈에서 또한 과거의 기억을 끌어오는 수도 많습니다. 특히 마음의 구조를 나타내는 유식(唯識)에서 '육식(六識)', '칠식(七識)', '팔식(八識)' 그렇게 말하는 것을 들어 보셨을 것입니다. 팔식이라고 하는 아뢰야식(阿賴耶識), 장식(藏識) 속에는 과거의 것들이 잔뜩 모여 있습니다. 다 저장해 놓은 것이라 하여 '저장식(貯藏識)'이라고도 표현합니다. 그래서 꿈이 과거의 기억을 끌어낼 수도 있습니다.

네 번째, 꿈은 현재의 정념, 현재의 유념, 또는 바른 명상일 수도 있습니다. 꿈이 다 나쁜 것이 아니고 바른 명상일 수도 있다는 것입니다. 여기에 대해서는 후일에 구체적으로 말씀을 드리도록 하겠습니다.

아무튼 우리는 여러 가지 계기 또는 이유로 꿈을 꾸게 됩니다. 어떤 경우든지 다 꿈은 업(業)으로 고착될 가능성이 있습니다. 업으로 남게 된다, 즉 업이 된다는 것입니다. 업식 종자로 남게 된다는 것이므로 나쁜 꿈일 경우에는 업식 종자를 빨리 녹이는 것이 좋습니다. 이처럼 이미 꾼 꿈에 대해 꿈의 에너지를 소멸하는 그런 작업이 필요한데, 그것을 업을 정화하는 작업이라 해도 틀림이 없습니다.

정리하자면 꿈 역시 업식 종자의 발동이므로 그것은 정화해야 할 대상이라는 것입니다. 업식 종자 또는 업식을 정화하는 데 있어 가장 중요한 경(經)은 금강경(金剛

經)입니다. 금강경, 즉 다이아몬드 수트라(Diamond Sutra), 정식 명칭은 금강반야바라밀경(金剛般若波羅密經)인데 이를 줄여서 금강경(金剛經)이라 합니다. 이 금강경 제16분의 이름이 능정업장(能淨業障)입니다. 불교의범 431쪽을 참고하시면 됩니다. 능정업장이란 '능히 업장을 맑힌다', 즉 '업장을 정화한다' 라는 뜻입니다.

이처럼 제16분의 제목이 능정업장이라 되어 있긴 합니다만, 사실 금강경 전체에 흐르는 에너지, 기운 자체가 업장을 녹이고 정화하는 내용이며 그러한 힘이 있습니다. 그러므로 만약 간밤에 악몽을 꾸어 아침에 깨어보니 아주 기분이 나쁘다면, 일어나자마자 금강경 책을 펴 놓고 한 번 쭉 읽어야 합니다. 그러면 금강경 에너지의 힘으로 그 악업을 상쇄 또는 소멸할 수 있습니다. 만일 혼자 하기가 좀 머트러우면 유튜브불교대학 채널에 들어가서 '우학스님 금강경'을 틀어놓고 같이 따라 하시면 됩니다.

이렇게 금강경 책을 펴서 스스로 독송하는 것을 빨리하면 빨리할수록 좋습니다. 아침에 잠을 깨서 '내가 간밤에 악몽을 꾸었구나' 싶다면 재빨리 금강경을 먼저 한 편 독송하는 것이 좋습니다. 다른 일이 그렇게 급하지 않다면 먼저 금강경을 한 편을 꼭 독송하십시오.

유튜브불교대학 채널에 올려져 있는 금강경 독송 영상은 제가 독송한 것을 녹음한 영상입니다. 이것은 제가 숨 고르느라 잠시 쉴 때도 멈추지 않고 계속 진도가 나갑니다. 신도님들과 같이 녹화를 했기 때문에 누구든지 따라올 수 있도록 아주 잘 되어 있습니다. 또 숨을 갈아 쉬는 것은 개개인 별로 다 다르므로 그러한 부분까지 고려해서 그냥 염불을 쭉 따라 하시면 되도록 제작되어 있어서 조금 특별합니다. 그러니 저의 금강경 테이프를 틀어놓으시든지, 유튜브를 통해서 듣든지, CD를 통해서 듣든지 간에 들으시면서 하면 훨씬 더 쉽게 독송을 할 수 있을 것입니다. 또 저와 신도님들이 같이 한 그 금강경의 에너지를 받을 수도 있으실 것입니다.

자주 악몽이 꿔지고 꿈이 많으신 분들에게 한 가지 방법을 더 제시해 드리겠습니다. 그런 분들은 주무시기 전에 자비관(慈悲觀), 미소관(微笑觀)을 하셔야 합니다.

관세음보살님의 자비스러운 모습을 또렷이 떠올리는 자비관을 하셔야 합니다. 관세음보살님의 자비스러운 모습을 아주 또렷하게 관(觀) 하는 관법(觀法)을 하시라는 것입니다. 아주 또렷하게 부처님을 보면서 기도하십시오. 기도를 하실 때는 염주를 딱 들고 관세음보살님을 또렷하게 떠올려야 됩니다. 아니면 사진을 봐도 됩니다.

 아무튼 주무시기 전에 이부자리 위에 앉아 부처님 사진을 꺼내 놓고 하든지 아니면 생각으로 부처님의 자비스러운 모습, 부처님의 자비스러운 미소, 관세음보살님의 자비스러운 미소를 관 하면서 염주를 딱 잡고, "관세음보살, 관세음보살, 관세음보살…" 하시면 됩니다. 관세음보살의 미소를 또렷하게 떠올리면서 염주를 잡고 관세음보살 하기를, 108염주 3바퀴 정도 돌리면서 하시면 됩니다. 이는 관세음보살님의 미소, 관세음보살님의 자비스러운 모습을 잠들기 전에 먼저 딱 잡게 하는 것입니다. 즉, 나 자신을 관세음보살님의 에너지로 만들어 놓는 것입니다. 주무시기 전에 반드시 염주를 들고 자비관 또는 미소관을 하면서, 108염주를 3번 돌리며 관세음보살님을 찾으십시오. 이것을 계속하다 보면 꿈이 없어지고, 꿈을 꾼다 하더라도 좋은 꿈이 나타날 가능성이 더 많습니다. 이것은 저의 경험이기도 하고 하니 꼭 그렇게 하시길 바라겠습니다.

그리고 또 하나 더 말씀드리겠습니다. 악몽을 꾸는 문제에 있어서 조금 현실적인 방법을 제시하자면, 자는 방향을 바꾸어 볼 필요도 있습니다. 그리고 방을 옮겨볼 필요도 있습니다. 방을 옮겨서 자라는 말입니다. 자기 방과의 기운이 안 맞는 수도 있기 때문입니다. 수맥이 흐른다거나 또는 그 안의 기운이 자기하고 안 맞는 수가 있습니다. 집을 옮기는 것은 힘든 일이므로 방을 옮겨서 주무시거나 자는 방향을 조금 바꾸어서 주무시는 것도 한 방법이 될 수 있습니다.

무엇보다 가장 중요한 것은 자기 전에 반드시 기도하는 것입니다. 자비관, 미소관을 하면서 관세음보살님 외우시고, 아침에 일어나서 금강경 독송도 하신다면 나쁜 꿈, 즉 악몽으로부터 우리가 벗어날 수 있습니다. 어떻게 생각하면 꿈이나 생시나 다 같은 것인데 꿈에서라도 우리가 좋은 일, 부처님을 만나는 일이면 얼마나 좋겠습니까? 그것은 본인들의 수행 여하에 따라서, 수행을 얼마나 다부지게 하느냐에 따라서 얼마든지 달라질 수가 있습니다. 달라져야 하고, 또 달라질 수 있습니다.

늘 수행을 함으로써 나쁜 꿈을 없애는 불자가 되시길 바랍니다.

 내일 다시 뵙겠습니다.
관세음보살

참고하시면 좋은 법문

＊꿈도 생활의 일부이다(유튜브 생활법문)
＊조상이 꿈에 나타나면 일어나는 일들(유튜브 생활법문)
＊신년에는 대박 꿈을 꾸라, 이것이 대박꿈이다
　(유튜브 생활법문)

無―우학
說法大典

26
집에서 제사를
지내지 않으려면

2020. 03. 26. 세계명상센터 보은전

※ 불교신문 기획연재 '우학스님의 유튜브 불교대학'의 글을 그대로 수록하였습니다. 생생한 우학 스님의 설법은 유튜브에서 확인하시기 바랍니다.

 관세음보살. 유튜브불교대학 시청자 여러분, 반갑습니다.

"스님, 저희 며느리가 제사 지내기 싫다고 해서 교회에 나가려고 합니다. 제가 진작 포교를 했어야 하는데, 때를 놓쳤습니다. 스님, 제 상식으로는 제사를 지내지 않는다는 게 이해가 안 됩니다. 어떻게 해야 좋을지 스님의 고견을 듣고 싶습니다."

이런 얘기를 심심찮게 듣습니다. 요즘 젊은 며느리들이 제사 때문에 불평이 많습니다. 그래서 저는 신도들에게, "결혼하기 전에, '불교를 믿겠다. 그리고 불교대학에 다니겠다' 라는 각서를 며느리로부터 받으세요. 그리고 아들 내외가 불교대학에 입학하는 것을 보고 결혼시키세요."라고 이야기를 합니다.

불자라면 제사는 으레 잘 지내니까 하는 말입니다. 그런데 이 신도님은 스스로 말하듯이 기회를 놓쳤습니다. 제사를 지내기가 싫어서, 시부모님이 믿는 불교를 버리고 교회를 가겠다니 참으로 기가 찬 일입니다. 우리들끼리 하는 얘기지만, 이건 정말 사람으로서는 할 짓이 아닙니다. 소가 다 웃을 일입니다.

요즘 와서 이러한 일이 비일비재합니다. 조상을 무시하는 차원을 넘어서서 조상을 푸대접하겠다고 결심을 하고 각오를 세우니 참으로 서글픈 현실입니다. 그렇게 했을 때 과연 자기가 낳은 애들, 후손이 잘될까 하는 의구심이 듭니다. 조상 없는 후손이 없는 법인데, 이렇게까지 하다니 아연실색하지 않을 수 없습니다.

우리는 뿌리를 튼튼히 해야 합니다. 자기 가문의 전통과 정신을 계승하려는 의지가 아주 필요합니다. 그중의 하나가 제사의식입니다. 그런데, '며느리들이 왜 제사 지내는 것을 힘들게 생각하는가?' 제가 몇몇 젊은이들에게 물어보니 음식 장만이 장난이 아니라고 했습니다. 그래서 그런 사람을 만나면, 절에다가 제사를 모실 것을 권유합니다. 대부분 사람들이 아주 간단한 방법이라고 좋아합니다. 가족들이 절에 와서 제사에 동참하기만 하면 되니까요. 음식 장만 등의 수고로움이 일절 없으므로 제사 문제로 왈가왈부할 핑계는 없어집니다. 제삿날 절에 와서 향 올리며 잔 한 잔 치는데 어려울 일이 없지 않겠습니까? 참석하기만 하면 됩니다. 또한 그로 인해 가족들이 절에 오게 되므로 포교 차원에서도 좋은 일이 아닌가 생각합니다. 그래서 절에서라도, 돌아가신 분 덕분에 떨어져 있는 가족들이 얼굴 한번 볼 수 있다면, 차선책이지만 괜찮은 방법입니다.

    또한 제사와 비슷한 것이 설, 추석의 차례입니다. 차례를 지내기 싫어서 불교를 버리고 기독교로 간 경우도 많다고 들었습니다. 설, 추석의 차례도 이제는 더 이상 고민할 필요가 없습니다. 절에서 하는 합동차례에 동참하면 모든 게 끝입니다. 어쩌면 불협화음이 있는 차례는 당연히 절에서 지내야 할지 모릅니다. 예를 들면, 가족 구성원들의 종교가 각각 다른 경우에는 차례로 인한 부작용이 많기 때문입니다. 절 올리는 문제, 의식하는 절차 등이 종교마다 다른 수가 많으니 이 또한 예사 문제가 아닌 것이 사실입니다. 만일 절에서 차례를 올리면, 일단은 의례이므로 시비 거는 사람도 없을 테고, 차례가 끝나면 가족 각자가 자유로이 볼 일을 보기가 쉽습니다.

    절에서 차례를 지내면 좋은 점이 또 있습니다. 먼저

간 이들 중에서 챙기고 싶은 영가가 있었지만 가족 구성원의 눈치 때문에 할 수가 없었던 경우가 그러합니다. 절에서의 차례는 그것이 가능하다는 것입니다. 즉, 태중 사망 영가인 수자령 영가가 특히 그러합니다. 또한 가까이 지냈던 친구 영가, 촌수가 좀 먼 친척들의 영가를 챙길 수가 있어서 좋습니다.

한편, 제사 문제를 해결하는 특별한 방편이 있으니, 그것은 평생 위패, 즉 영구 위패 제도입니다. 영구 위패란 다니는 절에 위패를 한 번 올리면 백 년 또는 무기한으로 그 영가를 챙겨드리는 위패입니다. 영구 위패를 올린 영가에 대해서는 대부분 사찰에서 별도의 비용 없이 설, 추석의 합동차례를 지내드리는 장점이 있습니다. 그리고 기일이 돌아오면 망축(亡祝) 카드를 뽑아서 왕생극락 축원을 해드립니다. 저희 한국불교대학 大관음사에는 이러한 혜택 때문인지 많은 분들이 영구 위패를 모시고 있습니다. 수천의 위패가 보기에도 장엄스럽지만, 영구 위패를 모신 분들 스스로 하나같이 안도하면서, 신도로서 원찰에 대한 더욱 확고한 신심을 내는 것 같습니다.

'이 시대 도인'이라고 알려져 있는 송담 대선사, 그 큰스님의 주석처인 인천 용화사에도 가보면 영구 위패가 법당 벽면 가득히 모셔져 있는 것을 볼 수 있습니다.

정리해서 다시 말씀드립니다. 집에서 제사 또는 차례를 지내기가 힘든 경우, 그 때문에 가족들끼리 싸우지 말고 절에 모시면 됩니다. 저 같은 경우에도, 속가 집으로서는 장남이라는 이유만으로 제가 제사를 다 맡고 있습니다. 고조부 고조모, 증조부 증조모, 조부 조모, 아버님 어머님, 이 여덟 분의 제사를 날짜 놓치지 않고 지내드립니다. 당연히 영구 위패에도 올려져 있습니다. 기일이 돌아오면, 가족들 친척들이 와서 잔 치고 경전도 읽습니다. 물론 재는, 스님이 염불하면서 주도합니다. 그리고 영구 위패를 모셨기 때문에 설, 추석의 합동차례도 자동으로 모셔지게 됩니다.

절에서 제사나 차례를 지내게 되면 오히려 큰 장점이 있습니다. 집에서 지내게 되면 단순히 추모의 뜻만 있지만 절에서 지내게 되면 추모 이상의 천도의 의미가 들어갑니다. 스님들과 정성껏 장엄염불도 하고 금강경도 같이 읽어드리니 그런 것입니다. 그래서 혹시 딴 몸을 받지 못하고 구천을 헤매는 조상이 있다면, 그 기회에 천도가 될 수 있으니 얼마나 좋습니까. 그리고 절에서 지내는 제사, 차례에는 작복(作福)의 의미가 담겨 있습니다. 그 영가가 인연 되어 공양도 올리고, 재물 보시에도 동참된 것이므로 큰 복이 되는 것입니다.

이렇듯이 정성껏 제사, 차례를 지내면, 그 영가가 이미 윤회했다 할지라도 영적 에너지는 통하지 않는 바가 없어서 반드시 조상 영가에게 기도의 힘이 미칩니다. 그렇게 되면 선의 에너지는 다시 재자에게로 돌아와 음덕(蔭德)으로 남게 됩니다.

한 가지 부연해서 말씀드리면, 집에서 제사 또는 차례를 지낼 경우에는 절에서 의식을 행하듯이 반드시 금강경 또는 반야심경을 읽어주시기 바랍니다. 제사나 차례가 허례허식이 되지 않으려면 반드시 불교식으로 해야 합니다. 불교식의 제사나 차례의 핵심은 경전독송에 있습니다. 집에서든 절에서든 영단에 앉아서 경전을 독송할 때는 정말 집중해서 정성을 다할 필요가 있습니다.

정성을 다하면 그 마음의 힘이 시공을 관통합니다.

　우리들이 지극정성으로 조상을 잘 모시면, 그것이 복이 되었으면 되었지, 그것이 절대 화가 된다거나 잘못되는 경우는 없습니다. 그래서 제가 단언하건대, '제사, 차례 지내기 싫어서 교회나 성당 가겠다'고 한다면 그 끝이 좋을 수가 없습니다.

　강조해서 말씀드립니다. 보이지 않는다고 해서 절대 무시해서는 안 됩니다. 우리가 지혜의 눈이 밝지 못해서 보지 못할 뿐, 보이지 않는 또 다른 세상이 분명히 있습니다.

　불교의례(佛敎儀禮)에는 불공의식(佛供儀式)과 재의식(齋儀式)으로 나눌 수 있는데, 이 제사와 차례는 당연히 재의식입니다. 재의식은 저 위에서 살핀 바와 같이 구제(救濟)와 작복(作福)의 의미가 큽니다. 어쩌면 그보다도 보은(報恩)과 정업(淨業)의 의미가 더 클지도 모릅니다. 보은이란 은혜를 갚는다는 뜻인데, 제사와 차례의 재의식은 나 자신을 현재 존재케 한 조상들에 대한 은혜를 갚는 기도라고 볼 수 있습니다. 그리고 정업(淨業)이란

업을 정화한다는 말인데, 재의식을 함으로써 경전독송과 스님들의 법력을 통하여 돌아가신 분들의 업을 정화한다는 중요한 의미를 함께 가지고 있습니다.

우리는 예로부터 관혼상제(冠婚喪祭)의 인생 사이클을 중시했습니다. 그중에 죽음과 관계되는 상제(喪祭)는 불교에서 재의식으로 승화시켰습니다. 이는 윤회사상과도 잘 어울리는 일이 아닐 수 없습니다. 우리 모든 불자들은 재의식이 이생에 남겨진 사람에게는 음덕이 되고, 먼저 가신 분들에게는 왕생극락의 기회가 됨을 분명히 인식해야겠습니다.

내일 다시 뵙겠습니다.
관세음보살

참고하시면 좋은 법문

*초간단 제사 모시는 법(설법대전 3)
*초간단 제사 음식(설법대전 3)
*이미 환생했다면 제사가 무슨 소용(설법대전 5)

無一우학
說法大典

27
금강경에 대해,
왜 금강경인가?

2020. 02. 27. 세계명상센터 보은전

 관세음보살. 유튜브불교대학 시청자 여러분, 반갑습니다. 먼저 관세음보살 멸업장 진언을 세 번 외우겠습니다.

옴 아르늑게 사바하, 옴 아르늑게 사바하, 옴 아르늑게 사바하.

오늘 생활법문으로 드릴 말씀은 금강경입니다.
왜 금강경인가?

금강경(金剛經) 경전 이름만 들어도 무엇인가 좀 묵직하고, 무엇인가 좀 해결될 것 같은 느낌이 오지 않습니까? 정식 명칭은 금강반야바라밀경(金剛般若波羅密經)으로 줄여서 금강경이라고 합니다. 영어로는 다이아몬드 수트라(Diamond Sutra)라고 합니다. 금강(金剛)은 다이아몬드(Diamond)이고요, 수트라(Sutra)는 경(經)을 나타냅니다. 그래서 다이아몬드 수트라(Diamond Sutra), 아주 강하고도 아름다운 경(經)이라 생각하시면 됩니다. 그렇다면 왜 우리는 금강경, 금강경 하느냐 이겁니다.

첫 번째, 금강경은 마음의 중요성을 강조하고 있기

때문입니다. 우리들이 늘 '마음, 마음' 말하지 않습니까? 모든 것이 다 마음 안에 있습니다. '팔만대장경이 마음 심(心) 자 안에 있다'라고 말합니다.

금강경은 이 마음 법에 대한 법문으로 가득 차 있습니다. 두 가지 정도로 말씀드리겠습니다.

첫째로 금강경에 '여시항복기심(如是降伏基心) 하리까'라는 구절이 있습니다. 여시항복기심(如是降伏基心), 즉 '어떻게 하면 그 마음을 항복받으리까?' 이는 수보리존자가 부처님에게 여쭙는 말입니다. 마음을 항복받는다는 말은 '어떻게 하면 내 마음을 잘 다스리겠습니까? 이 말입니다. '어떻게 하면 내 마음을 잘 통제하겠습니까? 입니다. 이 얼마나 대단한 주제입니까? 그런데 이에 대한 대답이 금강경 속에 있습니다.

둘째로 금강경에 '응무소주(應無所住) 이생기심(而生基心)'이라는 구절이 있습니다. 응무소주(應無所住) 이생기심(而生基心), '응당 머무는 바 없이 그 마음을 내라'는 이 말은 어떻게 하면 자기 마음을 잘 쓸 것인가에 대한 대답입니다. 이에 대한 자세한 이야기는 후일 다른 시간에 말씀을 더 드리도록 하겠습니다. 아무튼 이렇듯 금강경은 마음에 대한 얘기를 집중적으로 하고 있다는 것입니다.

사실 마음에 대한 문제 이것만 해결돼도 대단한 것 아닙니까? 요즘 마음의 병이 참 많습니다. 마음 병, 심병(心病), 또 육체적인 병들이 모두 마음에서부터 비롯되는 수가 참 많습니다. 그런데 금강경은 바로 이 마음에 대한 문제를 직접적으로 깊이 있게 이야기하고 있습니다. 그러므로 금강경 말씀을 잘 이해하여 받아들이고, 금강경 말씀 그대로 잘 수행한다면 금강 같은 마음, 즉 아주 튼튼하고 굳건한 마음으로 살아가기 때문에 이 세상 살기가 훨씬 더 수월합니다.

두 번째 금강경은 조계종의 소의경전(所依輕典)이기 때문에 강조하는 것입니다. 그러면 "스님, 조계종이 뭐 그리 중요합니까?"라고 되묻는 사람들도 있을 겁니다. 조계종은 단순히 장자 종단, 적자 종단이 아닙니다. 부처님 당시의 그러한 문화와 수행 풍토가 고스란히 잘 보존되어 있는 데가 조계종입니다. 그래서 조계종, 조계종 하는 겁니다.

　대한불교조계종 수천의 경전 가운데서 특별히 경전 하나를 지목해서 '우리는 이 경전을 의지해서 더욱 열심히 수행하자' 했는데, 그 경전이 바로 금강경입니다. 그러니까 금강경이 얼마나 중요한지 느끼시겠지요? 조계종을 선종(禪宗)이라고 합니다. 선종, 마음 닦는 종파라는 것입니다. 따라서 조계종의 소의경전으로서 금강경을 택한 것은 당연한 일입니다.

　육조 혜능(慧能) 스님이라고 하는 아주 대단한 분이 계셨습니다. 육조 혜능 스님께서는 금강경을 통해서 깨달으셨고, 여러 스님들과 불자들에게 금강경을 많이 가르쳤습니다. 그에 대한 이야기는 다음에 더 말씀을 드리겠습니다. 아무튼 금강경은 한국불교의 대표 종단인 조계종의 소의경전이기 때문에 우리는 꼭 금강경을 이해하고 금강경적 수행을 해야 한다는 말씀입니다.

　세 번째, 금강경의 내용에 있어서 업장을 녹인다는 내용이 있습니다. 제가 법문을 시작하면서 "멸업장진언, 업장을 다 멸해야 됩니다." 그렇게 말씀을 드렸는데, 업장을 멸한다는 본격적인 내용이 금강경에 있습니다.

그래서 금강경 제16분은 '능히 업장을 정화한다' 하여 그 제목이 바로 능정업장분(能淨業障分)입니다. 즉, '능히 업장을 정화하는 힘이 이 경에 있노라' 하고 직접적으로 말하고 있습니다. 그러므로 업장 두터운 중생의 입장에서 금강경을 가까이하지 않을 수가 없습니다.

저 같은 경우에도 늘 무문관에서 참선 정진하면서도 하루에 꼭 한 번 이상 유튜브를 통해 금강경을 들으면서 같이 읽습니다. 그러니 이 방송을 듣는 유튜브 시청자들도 금강경을 하루에 한 번은 꼭 읽으시길 바랍니다. 또 사경할 수 있다면 더욱더 좋겠습니다. 금강경 사경을 하시고 하루에 한 번 꼭 읽으시면 업장을 소멸할 수 있는 좋은 공부가 됩니다.

네 번째, 금강경은 조상 천도에 아주 좋기 때문입니다. 조상 영가들은 집착을 하는 수가 많습니다. 그런데 금강경에는 집착을 끊어내게 하는 에너지가 있어서 금강경의 법력에 의지하면 그러한 조상들의 집착을 끊는 데 도움이 됩니다. 조상 영가들에게 금강경을 들려줌으로써 집착을 끊고 빨리 갈 데로 가게끔 하는 것입니다. 극락이든 어디든 영가 본인이 가야 할 곳으로 가게 합니다. 그리하여 더 이상 남아있는 자들에게 미련이나 집착을 하지 않도록 하는 경이 바로 이 금강경이라는 것입니다.

그러므로 혹시 돌아가신 분이 자꾸 꿈에 나온다거나 또는 돌아가신 분의 에너지가 자꾸 느껴지는 분들은 금강경을 계속 외우고 쓰십시오. 어느 순간 기분이 아주 개운해지면서 모든 일이 아주 잘 되는 시점이 올 것입니다. 특히 돌아가신 분, 조상하고 관계되어 있다면 반드시 이 금강경을 의지해서 금강경적 수행을 꼭 해 보시길 바랍니다.

다섯 번째, 금강경으로 번뇌 망상을 끊어 낼 수 있기 때문입니다.

우리가 살아감에 있어 가장 골칫덩어리가 바로 번뇌 망상입니다. 참선한다고 앉아 있다 보면 어떤 때는 이 번뇌 망상이 막 솟구치지 않습니까? 기도한답시고 염주 들고 앉아 있어 보십시오. 어떤 때는 졸음이 꾸벅꾸벅 오는 중에서도 온갖 망상과 잡념이 일어나서 이게 잠인지, 번뇌 망상 덩어리인지 분간이 안 되고 감당이 안 될 때가 있지 않습니까? 이러한 번뇌 망상이 우리 인생길을 망치는 수가 많습니다.

그런데 금강반야라, 금강경 안에는 금강 같은 지혜의 힘이 있어서 이 번뇌 망상을 다 깨부숩니다. 그러므로 금강경적 수행을 하고 또 금강경의 내용을 잘 이해하고 그와 같이 살려고 노력한다면, 번뇌 망상이 없는 아주 맑은 정신으로 살 수 있습니다. 맑은 마음과 맑은 행위, 맑은 몸으로써 이 사바세계를 좀 수월하게 살아갈 수 있습니다.

금강경은 제가 아무리 중요하다고 말씀드리도 지나치지 않을 정도로 중요합니다. 금강경 공부도 좀 다부지게 하십시오. 제가 쓴 '금강경 핵심강의'만 잘 읽어보셔도 도움이 되실 겁니다. 또한 최근 강의는 아니지만 '우학스님 금강경 강의'도 유튜브에 있습니다. 조금 오래된 강의라도 그것은 그것대로 당시에 열심히 한다고 해서 올린 강의이기 때문에 강의 내용의 질이 좋습니다. 그 강

*삶에 힘을 주고,
삶을 윤택하게 하는 금강경!*

의를 들으면 도움이 많이 되실 겁니다. 꼭 금강경 강의를 찾아서 들으시고 금강경적 삶, 금강경적 세계관을 한번 구축해 보시길 바랍니다.

제가 금강경의 대의(大意)에 대해서 말씀을 드리려고 하다가, 이건 다른 시간에 구체적으로 말씀을 드리는 게 좋겠다 싶어서 뒤로 빼 두었습니다. 간략하게 말씀드리자면, 금강경의 대의(大意)는 '파이집(破二執) 현삼공(顯三空)'입니다. 이것은 '이집(二執)을 파하고 삼공(三空)을 드러낸다'는 뜻입니다. 이에 대해서는 설명이 좀 필요합니다. '파이집(破二執) 현삼공(顯三空)'이 문장만 좀 외워 두시면 좋겠습니다. 대의라는 말은 핵심 또는 대강적인 뜻입니다. 요즘 표현으로 하면 핵심 주제어, 핵심 말씀이라고 보시면 됩니다.

우리가 경전을 일목요연하게 표현함이 필요할 때는 표현할 수 있어야 합니다.

"예불문의 대의가 무엇입니까?"

"예삼보(禮三寶) 견신심(堅信心)입니다."

"천수경의 대의가 뭐죠?"

"수가피(受加被) 기자심(起慈心)입니다."
"반야심경의 대의가 뭐죠?"
"득지혜(得智慧) 향행복(享幸福)입니다."
이렇게 말을 할 수 있어야 합니다.

그와 같이 금강경의 대의는 파이집(破二執) 현삼공(顯三空)입니다. 구체적인 뜻은 다음 시간을 통해 곧 말씀을 드리도록 하겠습니다.

제가 다시 말씀드립니다. 금강경이 삶에 힘을 주고, 금강경이 우리 삶을 윤택하게 하는 것은 분명합니다. 제가 자신 있게 권선, 권유해 드립니다. 하루 한 번 이상 꼭 금강경 독송하시고 시간이 나신다면 금강경 사경을 하십시오. 금강경을 독송하고 사경 하시면 절대 헛되시 않습니다. 본인이 노력한 만큼, 정진한 만큼 금강경의 가피가 가득할 것입니다. 보석 중의 보석 금강(金剛), 다이아몬드(Diamond)! 다이아몬드 수트라, 그 말속에 숨겨진 뜻처럼 우리의 삶이 좀 더 굳건해지고, 좀 더 아름다워질 것입니다. 우리의 삶이 다이아몬드처럼 더욱더 아름다운 삶이어야 하지 않겠습니까? 분명 금강경이 아름다운 삶을 위한 에너지를 제공하고, 그러한 삶을 기약할 것입니다.

 내일 다시 뵙겠습니다.
관세음보살

참고하시면 좋은 법문

*금강경의 크나큰 공덕(유튜브 우학스님 금강경 강의)
*금강경을 수지 독송하는 공덕(유튜브 우학스님 금강경 강의)

*금강경 독송의 공덕(유튜브 생활법문)
*금강경 독송에도 요령이 있다(유튜브 생활법문)
*이 경은 부자되는 경이다(유튜브 생활법문)

無一우학
說法大典

28
머리카락으로 붓을 만들어 사경하다

2020. 03. 28. 세계명상센터 보은전

관세음보살. 유튜브불교대학 시청자 여러분, 반갑습니다. 오늘은 삭발에 대한 말씀을 드리겠습니다.

얼마 전에 어느 한 분으로부터 받은 글입니다.

"스님, 저는 젊은 시절 스님이 되고 싶었는데 그러질 못했습니다. 그 미련이 남아 지금도 몇 년에 한 번씩 삭발을 하고, 삭발한 그 몇 달간은 가발을 쓰고 다닙니다. 스님, 저는 삭발하고 사는 것이 참 편합니다. 그런데 주위의 이목 때문에 늘 조심스럽습니다. 스님, 생활법문에서 꼭 삭발에 대한 얘기를 좀 해주시기를 부탁드립니다. 참고로 저는 여성 신도입니다."

저는 이런 경우를 자주 봅니다. '얼마나 세상살이가 버거우면 저러실까?' 라는 생각도 해 봅니다. 하시고 싶은 대로 하시면 됩니다만, 그래도 가족들이 있다면 가족들에게 마음의 부담을 주면서까지 하는 것은 자제하시는 것이 좋지 않을까 싶습니다. 집에서 재가 불자 생활을 하면서 삭발을 하는 것은 자제하는 것이 더 좋겠습니다. '다음 생에는 삭발염의(削髮染衣) 겠다. 머리 깎고 먹물

옷을 입은 수행자, 스님이 되겠다'라고 서원을 세우는 것은 좋은 일입니다. 하지만 재가자로서 삭발염의 하는 것은 자제하는 것이 좋지 않을까 생각합니다. 열심히 신도로서 절에 다니시면서 신심을 더 굳건히 하는 것이 좋을 듯합니다.

말이 나온 김에 오늘은 삭발의 유래, 삭발의 의미에 대해서 말씀을 드리겠습니다.

"스님, 삭발은 언제부터 시작되었을까요?"

삭발은 부처님 당시부터 시작되었습니다.

부처님께서는 출가를 하기 위해 오는 이를 만나면, "선래비구(善來比丘). 잘 왔도다, 비구여!" 하시며 덕담 겸 환영을 하셨습니다. 부처님께서 오는 수행자를 덕담으로 맞이하는 말씀인데, 그 말씀이 떨어지자마자 머리가 깎이고 가사가 입혀졌다고 합니다. 율장(律藏)에 '머리가 깎이고 가사가 입혀졌다' 이렇게 적고 있는데, 그 안의 복잡한 내용들은 후일에 또 설명을 드리겠습니다.

아무튼 그 당시에는 들어와서 바로 스님이 되지 않았

나 싶습니다. 지금은 행자 생활이라고 하는 그 기간이 있지만 그 당시에는 행자 기간 없이 바로 수행자로서 대접이나 인정을 받았던 것 같습니다. 이것을 불교에서는 '선득도(先得度) 후교육(後敎育)' 이렇게 말합니다. 선득도 먼저 스님이 되고, 후교육 후에 교육을 차츰차츰 받아 간다는 말인데, 요즘 우리 교육체계와 거의 비슷합니다. 요즘도 선득도 후교육 그런 체제입니다.

아무튼 그래서 삭발은 부처님 당시부터, 부처님께서 바로 만든, 부처님께서 지침을 내리신 몸가짐이 아닌가 생각을 합니다. 그래서 삭발은 부처님 당시부터 비롯되었다는 것을 우리가 알 필요가 있습니다.

그러면 왜 삭발하는가?

첫째, 다짐과 각오를 나타내기 위해서입니다.

요즘도 국회의원들이 자기들의 결연한 의지를 나타내고자 할 때 삭발을 하지 않습니까? 사실 삭발이라 하는 것은 스님들의 전용, 스님들의 전매특허인데 스님들한테는 물어보지도 않고 삭발 잘 합니다. 아무튼 삭발을 하면 아주 강한 결심이 생기는 것 같습니다.

둘째, 수행자들의 삭발은 신분 차별 철폐를 의미합니다. 즉, 절에 들어오면 다 똑같다는 것입니다. 옛날 신분제가 있었을 때는 머리에 쓴 관모(官帽)로써 그 직급을 나타냈습니다. 관모가 없던 그전 시대에는 머리카락을 어떻게 다듬느냐, 어떻게 손질했느냐에 따라 직급이 달랐다고 합니다. 즉, 직급을 머리카락으로 나타낸 그런 때도 있었다는 겁니다. 옛날에는 어느 사회든지 다 계급이 있었습니다. 하지만 어떤 직급, 계급을 가지고 있었다 하더라도 절에 들어오면 삭발을 해 버리니 그 직급이 무엇이었는지 알 수 없습니다. 완전한 평등성을 가지게 되는 것입니다. 삭발을 통해 평등을 실현하고 있다고 보면 되겠습니다.

부처님께서는 "절에 들어와서는 일절 사성(四姓)을 나타내지 마라."라고 하셨습니다. 사성(四姓)이란 브라만, 크샤트리아, 바이샤, 수드라라는 인도의 계급 제도입니다. 그런데 부처님께서는 말씀하시기를 "백천하수(百千河水) 동류입해(同流入海)라." 하셨습니다. 백천 강물이 다 하나의 바다로 들어간다는 것입니다. 모두 하나의 물인 바닷물이 된다, 이 말입니다. 그와 같이 '사성출가(四姓出家) 네 계급이 출가를 하면, 동일석성(同一釋姓) 다 한가지로 석 씨의 성을 갖는다' 즉 어떤 계급의 사람이든지 간에 출가를 하면 모두 다 부처님의 성, 석 씨가 된다, 다 똑같은 부처님 제자가 된다는 것입니다.

그러므로 이 교단에는 절대 계급이 있을 수가 없습니다. 머리카락이 없는 것, 삭발한 것을 보면 그것을 알 수 있습니다. 이를 통해 재가자라도 절 집안에 들어와서 기도를 하거나 참선을 하거나 봉사를 할 때에는 세속의 직급, 남편 또는 부인의 직급이나 계급의 귀하고 천함을 절대 논해서는 안 된다는 것을 간접적으로 알 수가 있습니다.

스님들은 아예 속성을 석 씨로 쓰는 사람도 많습니다. 그냥 바로 '석'을 다는 겁니다. 우학 스님이라면 '석 우학' 이렇게 하는 겁니다. 그렇게 석 씨를 붙이는가 하면, 또 스님들의 이름에는 법호를 앞에 붙이는 경우가 있습니다. 예를 들어 '무일(無一) 우학(又學)'이라고 하면

'무일(無一)'은 법호이고 '우학(又學)'은 법명입니다. 법호와 법명을 붙여서 '무일 우학(無一 又學)' 이렇게 하는 수는 있어도 속명은 잘 쓰지는 않습니다. 가끔 보면 속명을 앞에 붙이는 수가 있는데 그것은 불교의 삭발 정신을 잘 이해하지 못해서 그러는 것 같습니다. 예를 들어 '성철 큰스님'이라 하면 '성철 스님' 또는 '퇴옹 성철'이라고 합니다. 법정 큰스님이면 그냥 '법정 스님'이라 하지 거기에 성을 갖다 붙이지는 않잖아요? 그런데 가끔 성을 붙이는 분들도 있는데 그럴 필요는 없다고 생각합니다.

아무튼 수행자의 삭발은 신분과 출신의 차별을 철저히 철폐하는 일이라고 볼 수 있습니다.

셋째, 삭발이라는 것은 수행자가 '나는 수행자다' 하는 것을 또렷이 나타내는 증표입니다. 요즘 거리 두기, 사회적 거리 두기라는 말을 하는데 사회적 거리 두기로써 이 삭발이 좋은 것 같습니다. 딱 보면 알 수 있습니다. 또 머리 깎은 사람의 입장에서 생각해 보십시오. 머리 깎고 어디 가서 앉아 있기가 불편하지 않겠습니까? 다방에

가서 앉아 있기도 불편하고, 술집에 가서 앉아 있기도 불편하고, 불이 번쩍번쩍한 곳에 가기도 불편합니다. 저절로 거리 두기가 되는 것입니다.

저는 스스로 공부를 다짐하는 데 있어서 이만한 복장이 없다고 생각합니다. 즉, 삭발은 공부하겠다는 표시입니다. 옛날부터 말하기로 머리카락을 '무명초(無明草)'라고 했습니다. 무명(無明)은 '밝지 못함', '어리석음', '지혜 없음'을 말합니다. 그런데 머리카락을 잔뜩 길러서는 결코 이 무명을 해결하지 못합니다. 그러니까 머리카락이 바로 무명초인 것이지요. 따라서 머리카락을 자름으로써 공부가 된다는 말입니다. 그래서 스님들은 머리 깎는 것을 표현할 때 '무명초 깎는다', '무명조를 제거한다'라고도 합니다.

누군가 우리 불자들에게 "스님들은 왜 머리를 깎습니까?"라고 물었을 때 "무명을 없애기 위해서, 공부 잘하기 위해서 머리를 깎지요. 즉, 무명초를 제거하는 것이지요." 이렇게 대답한다면 조금 수준 있는 답변이 되겠습니다.

넷째, 왜 삭발을 하는가? 몸가짐을 간편하게 하기 위해서 그렇습니다. 몸가짐이 간편해야 공부에 전념할 수 있다는 겁니다. 세속 사람들의 입장에서는 머리카락 이것 때문에 손질하느라고 시간도 많이 뺏기고, 돈도 많이 쓰는 모양입니다. 이 머리카락 때문에 사치하게 되고, 머리카락 손질하느라고 시간 다 뺏기는 등 신경을 많이 쓰지 않습니까? 그런데 삭발을 하고 나면 손질할 것이 뭐 있습니까? 간편하기 짝이 없습니다. 따라서 삭발을 하면 수행하기에 아주 좋다 그런 말입니다.

  다섯째, 삭발을 하면 단체 생활하기에 좋습니다. 모두 머리카락이 길다고 생각해 보십시오. 대중들이 대방에 모여서 같이 공부하고 참선하고 함께 뒹구는데 머리카락이 길면 얼마나 많은 머리카락이 그 방바닥에 뒹굴겠습니까?

  제가 2013년도부터 2016년도까지 만 3년을 완전히 폐문하고 무문관 안에서 수행을 했습니다. 그때는 제가 머리카락을 자르지 않았습니다. 일부러 한번 그냥 길러 봤는데요. 그 머리카락이 길면 길수록 그 좁은 방에 머리카락이 풀풀 날리는 것이었습니다. 머리카락이 돌아다니니 보기에도 그렇거니와 또 위생상 좋지 않은 것 같았습니다. 후일 저는 그 머리카락을 잘라서 붓을 매기도 했습니다. 그래서 '무일 두발붓'이라 해서 제가 기른 머리카락으로 붓을 만들었습니다. 그걸로 글씨를 써서 족자로 만들어 포교상으로 드리기도 했습니다. 지금도 그렇게 하고 있습니다. 어쨌든 삭발을 하여 머리카락이 짧으면 단체 생활이 좀 더 용이하다, 그런 말씀을 드립니다.

"스님, 그러면 스님들은 얼마나 자주 머리카락을 깎습니까?"

율(律)에는 최근까지도 보름마다 한 번씩 삭발, 목욕하는 걸로 되어 있습니다. 보름에 한 번이니까 그믐날과 보름날이 삭발, 목욕일이 됩니다.

머리카락을 자르면 기운이 좀 빠진다고 생각했던지 옛날부터 선방이나 강원에서 삭발, 목욕 당일에는 찰밥을 해 주었습니다. 이처럼 우리 승가에서 삭발은 대단히 중요한 의미를 갖고 있습니다. 그런데 이것이 조금 변형

이 되어서 요즘은 일주일에 한 번씩 삭발, 목욕하는 데가 있기도 합니다. 또 열흘에 한 번씩 삭발, 목욕하는 곳도 있다는 얘기도 들었습니다.

보조국사 지눌 스님께서는 계초심학인문(誡初心學人文)에서 "6일이 아니면 삭발, 목욕을 하지 마라." 하셨습니다. 그러니까 6일, 16일, 26일에만 삭발, 목욕하도록 그렇게 한 적도 있었던 것 같습니다. 삭발을 하는 날짜나 그 시점은 시대와 당시 사찰 분위기에 따라서 조금 다른 거니까 그건 그리 중요하지는 않은 것 같습니다.

삭발염의 한 스님들은 사실 대단한 결심을 하고 절에 들어와서 살고 있습니다. 그러니 삭발염의 한 스님들과 얘기할 때는 '저 사람들이 우리 정법을 지키고 있고, 우리 절을 지키고 있지 않느냐' 해서, 스님들에 대해서 조금 머트러운 점이 있더라도 좋게 생각하셔야 합니다. 그렇지 않습니까? 절에 스님들이 없고 절이 텅텅 비면 어떻게 합니까? 재가자는 직장 생활, 가정생활도 있는데 재가자들이 24시간 절에 와서 절을 지킬 수도 없는 노릇입니다.

스님들은 삭발염의를 해서 수행도 열심히 해야겠지만, 삭발염의 한 스님들에게는 절을 지킨다는 의미 또한 있는 것입니다. 그러니 스님들과 너무 각을 세워서 싸우고 스님들과 논쟁을 하는 것은 좋지 않습니다. 그것은 재가자로서 자기 마음공부하는 데에도 도움이 안 된다는 말씀을 드립니다. 가끔 그런 일이 있기 때문에 제가 간곡하게 말씀을 드립니다. 스님들은 삭발염의 한 것만으로도 재가자들이 존경을 하면서, 조금 부족함이 있다 하더라도 '인간이기 때문에 그런 것이 아니냐, 훌륭하게 될 것이다' 이런 기대를 가지고 열심히 보필하고 시봉해야겠습니다.

 내일 다시 뵙겠습니다.
관세음보살

참고하시면 좋은 법문

＊삭발에 대하여(유튜브 생활법문)

29
하필이면 왜 불교인가?

2020. 03. 29. 세계명상센터 보은전

 관세음보살. 유튜브불교대학 시청자 여러분, 반갑습니다. 오늘의 주제는 '왜 하필 불교인가?' 입니다.

이 유튜브 방송을 듣는 분들은 대부분 불교 성향이거나 불자인 분들이지 않겠나 싶습니다. 그래서 이렇게 주제를 잡았습니다. 왜 하필 불교인가? 좀 더 구체적으로 말씀드리면, 한국인은 왜 불교여야 하는가? 더 나아가 이 시대의 지성인은 왜 불교여야 하는가? 여기에 대한 이야기입니다. 그래서 큰 제목을 '왜 하필 불교인가?' 라고 잡았습니다.

요즘 정부에서는 모든 종교에 대해 "당분간 모여서 기도하고 예배하는 것들과 법회 하는 것을 참아달라." 이렇게 신신당부하고 있습니다. 그럼에도 불구하고 일부 개신 교회에서는 그것을 거역하고 엉겨드는 겁니다. 상황이 그러하다 보니 최근에는 정부에서 어느 교회에 대해서 행정 명령까지 내렸습니다. "너희들 모이지 마라!" 이렇게 한 겁니다. 그랬더니 그 소속 교회가 얼마나 많은지는 모르겠지만 한국기독교총연합회라는 단체에서 정부에게 '교회 예배를 중지 행정 명령을 내리는 것은 위법이며 종교 탄압이다' 라며 대들고 있다고 합니다.

저는 이 신문 기사를 보고, 그럼 이 사태를 바라보고 있는 대부분의 우리 국민들 정서는 어떠한가 싶어서, 기사 아래에 달린 댓글들을 봤습니다. 저는 평소에도 댓글들을 통해 어떤 사건에 대한 국민들의 정서를 살펴보고 있는 편입니다. 댓글들을 살펴보니, '너희들은 신천지랑 다를 게 없다', '신천지도 기독교인이다. 서로 이단이라고 부를 뿐, 집단 이기주의의 끝판왕들이다', '한기총은 종교를 가장한 정치사기 집단이다' 또는 '정치 사업 집단이다' 이렇게 아주 신랄하게, 아주 혹독하게 댓글을 달아 놓았습니다. 대부분 다 그렇게 해 놨습니다. 이점은 그냥 참고로 하시면 되겠습니다.

그러면 불교는 어떻게 하고 있는가? 불교는 당연히 정부가 지금 바라고 있는 사회적 거리 두기에 적극 동참하고 있습니다. 지금 국가가 어렵잖습니까? 세계가 다 어렵다고 합니다. 전 세계가 다 어렵기 전에 먼저 매를 맞느라고 그랬는지, 우리나라가 먼저 힘들었습니다. 지금도 힘듭니다.

　불교는 국가의 어려움을 절대 외면하지 않습니다. 또 그리해야 합니다. 국가가 잘 돼야지 그 안에 있는 종교도 편안하기 때문입니다. 그래야 종교 생활이 편안해집니다. 그렇지 않습니까? 국가가 잘못되어서 전쟁이 일어난다면 그 국가 안에 있는 종교 역시 전쟁통이 되는 겁니다. 그러므로 국가 안에 있는 종교는 국가와 한 몸이라고 봐야 합니다. 그러니 국가가 하고 있는 일에 대해서 종교 단체가 협조하는 것은 당연하다고 생각합니다.

　제가 회주로 있는 한국불교대학 大관음사도 신천지 교회 신도가 31번 확진자로 나타나자마자 바로 절 문을 거의 반 폐쇄하였습니다. 법회와 모든 불교대학 강의를 중단했습니다. 그 때문에 유튜브를 활용한 법문을 본격적으로 시작하여 이렇게 화상으로 불자님들을 찾아뵙고 있습니다.

　그렇다면 우리 한국에 있어서는 왜 하필 불교인가?

　첫째, 불교는 호국의 종교이기 때문에 그렇습니다.

　종교를 잘 모르는 무종교인들도 불교를 말할 때, 언

필칭(言必稱) '호국불교'라고 표현합니다. 불교는 국가가 어려울 때 단 한 번도 외면하지 않았습니다. 해인사 팔만대장경을 한번 보십시오. 고려시대 몽골 침입에 대항하여 불자들의 신심, 국민들의 신심을 모아 대장경을 조성함으로써 당시의 국난을 극복하려고 애를 썼습니다.

며칠 전 인터넷 신문에 좋은 기사가 났습니다. "불교에서는 법회를 하다가 스님이나 신도들이 지금 유행하고 있는 이 역병에 걸리지 않았다. 그것은 사찰들이 법회를 중단하고 국가에서 하는 대로 잘 따라줬기 때문에 불자들이나 스님들은 병에 걸리지 않고 있다."라는 기사였습니다. 사실 맞는 말입니다. 이를 보아도 다시 한번 확인할 수 있듯이 불교는 호국불교입니다.

둘째, 한국에 있어서 왜 불교여야 하는가? 불교는 우리의 문화이기 때문에 그렇습니다. 불교는 바로 우리의 정신과 얼입니다. 수천 년, 1700년 내려오면서 많은 유형, 무형의 문화재를 만들어냈습니다. 그런데 유형의 문화재, 즉 국보나 보물, 지방 문화재의 80% 이상이 다 불교 문화재입니다. 저의 본사인 양산 통도사도 유네스코의 세계문화유산으로 등록되어 있어요. 저는 고향이 경주 불국사 근처인데 경주의 석굴암, 불국사도 유네스코 세계문화유산으로 등재가 되어 있습니다. 많은 사찰들이 그렇게 세계문화유산으로 등록될 만큼 아주 우수한 문화재입니다.

그뿐만 아니라 무형의 문화 역시 불교 것이 많습니다. 우리가 쓰는 말, 속담, 언어에 사실은 불교 것이 많습니다. 불교와 관련된 그런 언어가 많고, 문화가 많습니다. 그리고 산천(山川)의 이름에 불교 지명이 많습니다. 해인사 뒷산 가야산이라든가, 통도사 영축산이라든가, 저 아름답다는 금강산이라든가, 묘향산이라든가, 다 불교식 이름입니다. 제가 있는 이 세계명상센터 무일선원 무문관이 있는 산도 불교식 이름인 연대산입니다.

이를 통해 알 수 있듯이 우리의 정서가 이미 불교 정서로 딱 자리 잡혀 있습니다. 그러므로 한국인이라면 당연히 불교를 믿는 것이 좋고, 적어도 불교를 비방하지는 않아야 합니다. 하지만 요즘 자기 민족의 뿌리를 모르는 어리석은 사람들이 많으니 참으로 안타깝습니다.

셋째 왜 불교인가, 왜 지성인들이 불교를 믿어야 하는가? 불교는 평화의 종교이기 때문에 그렇습니다. 불교는 한 번도 전쟁을 일으키지 않은 평화의 종교입니다.

종교 때문에 많은 전쟁이 일어났습니다. 그런데 전 세계적으로 보더라도 불교는 한 번도 그러질 않았습니다. 이 얼마나 평화스럽습니까? 가정에서도 불교를 믿으면 평화스럽습니다. 나 스스로도 불교를 믿으면 내 마음이 평화스럽습니다. 불교는 그런 평화의 에너지를 가지고 있습니다.

넷째 불교는 '참나'를 찾는 고차원의 종교입니다. 그러므로 불교를 믿어야 합니다. 불교는 고차원의 종교, '참나'를 찾는 자각교(自覺敎)입니다. 요즘 들어 사람들이 진리를 추구하고, 명상을 추구하며, 힐링에 대한 얘기를 많이들 합니다. 그러려면 반드시 불교를 믿고 신행하는 것이 좋습니다. 다신교(多神敎), 일신교(一神敎)라고 하는 신(神)들의 종교도 있지만, 우리는 더 나아가 진리를 추구하는 진리교(眞理敎), 명상을 추구하는 명상교(冥想敎), 자각교(自覺敎) 등 차원 높은 쪽으로 나아가야 합니다. 그 높은 봉우리에 불교가 떡하니 버티고 있다는 생각을 하면 얼마나 든든한지 모릅니다.

다섯째, 불교는 과학의 종교입니다.

"스님 혼자서만, 불자들만 과학의 종교라고 그러는 거 아닙니까? 그게 무슨 의미가 있습니까?" 이렇게 따질 수도 있습니다. 그래서 제가 그 신빙성을 높일 수 있게 세계 천재 물리학자의 말을 빌려 보려 합니다. 과학자의 대표적인 명사라 하면 아인슈타인(Albert Einstein)을 빼놓을 수 없습니다. 이 아인슈타인의 말을 통해 불교가 과학의 종교라는 것을 말씀드리겠습니다.

불교는 과학의 종교입니다. 대단한 종교입니다. 대과학자 아인슈타인이 이렇게 말했습니다. "만약 누군가 나에게 현대의 과학적 요구에 상응하는 종교를 꼽으라 한다면, 그것은 불교라고 말하고 싶다." 한마디로 불교야말로 과학의 종교다, 이렇게 말하고 있는 겁니다.

불교는 현재 전 세계적으로 많이 보급되고 있습니다.

영국의 유명한 사학자, 아널드 토인비(Arnold Joseph Toynbee)는 마지막 강의에서 우리 시대 최고의 큰일, 최고의 사건이 무엇인가에 대해서 여러 얘기를 하면서, "불교가 동양에서 서양으로 건너 온 것이야말로 이 시대의 가장 큰 사건이었다. 아마 세상은 앞으로 불교로 인해서 큰 평화를 찾을 것이다."라고 얘기를 했습니다. 참 대단한 얘기입니다.

그래서 지금은 영국은 물론이고 프랑스에서도 불교인이 많습니다. 아마 프랑스 같은 곳에는 가톨릭 다음으로 불자가 많을 겁니다. 우리가 '불란서(France, 佛蘭西)'라고 할 때의 불 자도 '부처님 불(佛)'자를 쓰고 있지 않습니까? 그리고 미국의 경우에도 현재 명상을 즐기는 사람이 4천만 명이라 합니다. 또 각 나라의 불교인들이 미국에 가서 세우거나 현지 미국인들이 불교를 배워서 세운 절이나 명상센터가 3, 4천 개도 넘는다는 통계도 있습니다. 바야흐로 이 시대는 동서양을 막론하고 불교가 각광받는 시대입니다.

현재 한국 불자들은 다른 종교인들이 너무 극성으로

설쳐대니까 조금 의기소침해 있는 경우가 없지 않아 있는데 그럴 필요가 전혀 없습니다. 한국에 있어서는 당연히 이 불교여야 합니다. 한국불교는 참으로 우수하다는 것에 대한 자부심을 느끼십시오. 전 세계적으로나 지성인들이 보더라도 불교는 이 시대에 꼭 맞는, 대단히 과학적이고 합리적인 종교입니다. 불자들은 그에 대한 확신과 불자로서 자신감을 가지고, 당당하게, 당차게, 열심히 신행 활동을 하는 것이 좋겠습니다.

 내일 다시 뵙겠습니다.
관세음보살

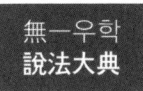

30
기도의 힘

2020. 03. 30. 세계명상센터 보은전

 관세음보살. 유튜브불교대학 시청자 여러분, 반갑습니다.

오늘 49재에 대한 말씀을 좀 드리려고 준비하다가 편지가 한 통 왔기에 제가 뜯어보니, 그것보다는 편지도 좀 읽어드리고 기도가 얼마나 좋은지에 대해 말씀을 드려야겠다고 생각해서 주제를 바꿨습니다. 그래서 오늘은 '기도의 힘'이라는 주제를 가지고 말씀을 드리겠습니다. 주제를 바꿀 만큼 편지 내용이 대단합니다. 그러니 먼저 편지를 좀 읽어드리는 게 좋을 거 같습니다. 제게 편지를 보내신 분은 나이가 팔십 되신 노보살님이시고, 기수를 보니 한국불교대학 大관음사에는 한 20년 가까이 다니신 것 같습니다.

제가 몇 군데만 읽어드리겠습니다.

"코로나로 인하여 은사 스님의 마음 쓰심이 더 많아져서, 저희들을 비롯 은사 스님의 제자들을 향한 마음 쓰심으로 더욱 힘드실 것이라고 생각하오며 감사한 마음 한이 없습니다. 스님께서 무문관 3년 마치시고 나오실 무렵에 저는 저의 답답한 것만을 스님께 말씀드렸습니다.

저희 집안의 손녀가 무사하게 고려대학교 의과대학에 입학하여 지금은 졸업해서 안산시 고려대학교 안산병원에서 수련하고 환자들을 돌보고 있습니다. 그때 스님께 기도 올리지 않았으면 많이 어렵고 곤란한 경우가 생겼을 것이라고 생각합니다. 이 애가 고려대학교에 들어가기 전에는 성적도 그렇고, 형편이 많이 어려웠습니다. 그런데 우리절 기도와 은사 스님의 은혜로 이제는 의사 수련을 하고 있으니 감사한 마음 한이 없습니다.

…… (중략)

이 손녀가 잘 되도록 또 100일 기도를 이번에 올렸습니다. 무사하게 수련 마치고 손녀의 모든 소원이 다 이루어지기를 간절히 발원합니다.

저의 영감 되시는 분께서도 좋은 데, 극락에 계시는 것 같아서 이 또한 부처님 가피라고 생각합니다."

꿈을 통해서라든지, 어떤 영감(靈感)을 통해 영감님이 좋은 데 가셨다는 것을 이렇게 느끼고 계신 거 같습니다. 우리도 그럴 때가 있잖아요? 느낌적으로 알 수 있는,

뭐 그런 것 말입니다. 계속 읽어보겠습니다.

"아들이 둘인데 둘째 가족이 캐나다에서 영주권 받아서 잘 지내고 있는 것도 부처님 가피이고, 딸 직장이 무사한 것도 모두 다 부처님 전에 열심히 기도를 하고 스님이 힘을 주신 덕분이 아닌가 이렇게 생각합니다.

그래서 이번에도 대구큰절 제43차 100일 기도에 우리 가족들을 다 낱낱이 이름을 얹고 기도를 올렸습니다. 그리고 둘째 손자도 의과대학에 잘 다니고 있는데, 이것도 모두 부처님과 스님의 덕분입니다. 감사합니다.

…… (중략)

은사 스님, 저의 모두 부족함을 용서해 주시고, 언제나 저는 기도를 열심히 하는 그런 불자가 되겠습니다. 관세음보살."

이렇게 써 놨습니다. 대단한 분이십니다. 제가 보기에는 완전히 관세음보살의 기도 삼매에 드신 것 같습니다. 적어도 삼매에 들었다 하면, 잘 돼도 관세음보살, 못 돼도 관세음보살, 자나 깨나 관세음보살, 꿈속에서도 관세음보살, 이렇게 돼야 합니다. 그러면 부처님으로부터 가피를 입지 않을 수가 없습니다. 기도의 힘은 반드시 있습니다.

어느 정도로 신심이 있어야 하냐? 좀 더 구체적으로 말씀드리겠습니다.

첫째, 꿈에도 기도가 되어야 합니다.

생시 때 기도하는 것은 당연한 일인데 꿈에도 기도가 될 정도라야 합니다. 그래서 꿈에서라도 좋은 일이 생기면 '아, 부처님! 감사합니다' 이렇게 얘기가 나와야 합니다. 웬만한 불자들이라면 생시 때 좋은 일 생기면 '아, 부처님! 감사합니다' 이런 마음과 그런 말이 나옵니다. 그렇잖습니까? 그것이 꿈에서도 그렇게 돼야 한다는 것입니다.

둘째, 꿈에서 누군가에게 쫓기고 있을 때, 그때 "관세음보살" 하면서 그 꿈을 이겨내야 합니다. 꿈에서 누군가가 나를 따라와서 겁이 난다면 꿈에서라도 "관세음보살" 하고, 관세음보살님을 찾으면서 그 어려움을 타개해야 합니다. 생시 때는 그렇게 잘 합니다. 누가 뒤따라오 거나 누가 뭐라 하면, '관세음보살, 관세음보살' 하면서 금방 그 위기를 모면하고 이겨나갑니다. 생시 때는 쉽게 가능한 일입니다. 그런데 꿈에서조차도 그렇게 해야 그 사람이 기도를 다부지게 하고 있다는 것입니다. 다시 말해 나쁜 꿈을 꾸었을 때 관세음보살님을 찾으면서 꿈에서 깨어날 정도로 기도가 몸에 익어야 한다는 것입니다.

셋째, 모든 소리가 '관세음보살' 소리로 들릴 정도가 되어야 합니다. 부엌에서 누가 '뚝딱 뚝딱 뚝딱 뚝딱' 하고 칼질 소리를 내면, 이 소리가 '관세음보살 관세음보살 관세음보살 관세음보살' 이렇게 들릴 때도 있어야 합니다. 또 산에 다니다 보면 주위의 새소리, 계곡의 물소리가 들리지 않습니까? 그럴 때 그 모든 소리들이 '관세음보살 관세음보살 관세음보살'로 들릴 때가 있어야 이 사람이 제법 마음공부를 하고 있는 중이라는 겁니다.

넷째, 걸을 때입니다. 뚜벅뚜벅 걷다 보면 발자국 소리가 나지요? 그러면 그 발자국 소리가 '관세음보살 관

세음보살 관세음보살'로 들릴 정도로 관세음보살의 소리 향이 자기 발바닥에서 나오는 것을 느낄 정도가 돼야 합니다.

요즘 걷기 운동이라 해서 공원을 많이 걷지 않습니까? 공원을 걷거나 산행할 때 염주 하나 딱 들고서 딴생각하지 말고, '관세음보살 관세음보살 관세음보살' 하면서 걸어보십시오. 그러면 걷는 걸음걸음마다 관세음보살님의 향이 소리로, 소리 향이 돼서 다시 내게로 돌아옵니다. 그걸 한번 느껴보셔야 합니다.

다섯 번째, 호흡할 때입니다. 우리가 들숨과 날숨을 쉴 때, '관세음보살 관세음보살 관세음보살' 이것이 느껴질 때가 있어야 합니다. 관세음보살님이 내 호흡 속에 묻어 있다면 호흡이 내 생명인 것처럼 관세음보살님이 나의 생명으로 계시는 것입니다. 그러므로 관세음보살님이 내 생명으로 계실 때, 그 부처님 계실 때, 나는 삶과 죽음을 초연하게 바라보는 아주 대견스러운 불자가 되는 것입니다.

無所不通
관세음보살님은 통하지 않는 바가 없습니다

  사람들은 기도는 다부지게 하지 않고서 바라는 것은 참 많습니다. 그리고 또 일이 조금만 안 좋으면 본인의 기도 부족은 생각지 않고 원망하는 수가 많습니다.

  우리는 그러한 것을 크게 경계해야 합니다. 열심히 기도 정진하다 보면 반드시 부처님의 힘으로 관세음보살님의 법력으로, 우리는 일을 다 해결하고 성취할 수 있습니다. 처음엔 잘 안되겠지만 의도적으로 의식적으로 계속 관세음보살을 챙겨야 합니다.

  이 세상에는 온갖 에너지가 들어차 있습니다. 기도는 그 모든 에너지들 가운데서 가장 맑고 밝은 에너지를 끌어오는 것입니다. 관세음보살의 에너지는 바로 맑고 밝은 에너지 그 자체이므로 관세음보살의 기도는 언제나 우리의 모든 일들을 밝고 맑게 성취시켜주는 그런 힘이 있습니다.

  관세음보살의 에너지, 관세음보살님을 부르는 에너지는 부모가 자식을 향한 힘의 만 배, 천만 배 이상의 강한 에너지를 가지고 있습니다. 그래서 관세음보살님을 지극정성 외우면 세간의 사람들은 감히 추측할 수도 없거니와 형용할 수도 없는 불가사의한 힘이 나옵니다. 그러므로 우리는 언제나 부처님의 어떤 법력, 불가사의한 관세음보살님의 힘, 이것을 굳게 믿고 열심히 정진해야 합니다.

우리는 어려울 때도 정진하고 잘 될 때도 정진해야 합니다. 제가 만든 말 중에서 '무소불통(無所不通)'이라는 말이 있습니다. 이 말은 통하지 않는 바가 없다는 것입니다. 무소불통(無所不通), 즉 통하지 않는 바가 없습니다. 관세음보살님은 온갖 것에 다 통할 수가 있고, 온갖 것이 다 해결이 됩니다. 이러한 믿음을 가지고 마음공부를 하셔야 일이 바른대로 되어갑니다. 일이 조금 잘못돼 간다고 해서 절대 부처님을 원망한다거나 절을 원망하거나 해서는 안 됩니다.

우리는 크게 봐야 하고, 세상을 끝까지 살아봐야 합니다. 이 관세음보살님, 부처님은 우리 인생 전반에 걸쳐서 계시기 때문에 단면적인 면만 봐서는 절대 안 됩니다. 우리 엘리트 불자들은 늘 항상 큰 스케일로 생각하고, 부처님을 늘 잊지 않고 모시는 불자, 어떤 일이 닥치더라도 관세음보살님을 믿고 부처님을 믿는, 부처님을 100퍼센트 믿고 의지하는 그런 불자가 되시기를 바랍니다.

 내일 다시 뵙겠습니다.
관세음보살

無一우학
說法大典

31
불자들의 편지 예법

2020. 03. 31. 세계명상센터 보은전

 관세음보살. 유튜브불교대학 시청자 여러분, 반갑습니다.

요즘 유튜브를 통해서 강의 법문을 하다 보니 더러 편지가 옵니다. 최근에도 시흥, 부산, 서울, 대구, 그 외 지역에서도 편지가 많이 왔습니다. 코로나와 싸우는 이야기, 작명, 안부 편지, 질문 등 소재도 아주 다양합니다. 경향 각지에서 오는 편지를 이렇게 받아 보는 입장에서, 불자로서 편지 쓰는 예법을 한번 말씀드리는 것도 괜찮겠다는 생각을 하게 되었습니다. 물론 아무렇게나 해서 내용만 전달하면 되지 않느냐고 할 수도 있겠지만 불자로서 불교 예법에 맞는 그런 편지를 쓴다면 금상첨화(錦上添花)가 아닌가 생각합니다.

그러면 바로 본론으로 들어가서 말씀을 드리겠습니다.

첫 번째로 편지 봉투에 쓰는 예법입니다. 편지 봉투를 보면 요즘은 보내는 사람과 받는 사람을 한 면에 쓰도록 해 놨습니다. 옛날이랑 좀 다른 것 같습니다. 한 면에 한꺼번에 쓰게 되어 있든 양면에 나누어 쓰게 되어 있든 관계없이 보내는 입장에서 쓰는 것에 대한 이야기입니다.

만약 내가 편지를 보내는 입장이라면, 우리말로는 '보냄', '올림' 그렇게 쓰지 않습니까? '○○○ 보냄', '○○○ 올림' 이렇게 쓰지요? 이것을 불교에서는 조금 다르게 표현합니다. 불교식 편지 예법에서는 보낸다는 말 대신에 '합장(合掌)'이라고 씁니다. 옛날에는 스님들이 합장이라는 말을 잘 쓰지 않고 '화남(和南)'이라는 말을 썼습니다. 한자로는 화합한다는 뜻의 화(和) 자에 남녘 남(南) 자를 씁니다. '○○○ 화남(和南)'이라 하면 '○○○ 합장(合掌)'이라는 표현과 같습니다. 그러므로 우리가 일반적으로 '○○○ 보냄', '○○○ 올림'을 쓰듯이 불교식 편지에서는 '○○○ 화남' 또는 '○○○ 합장'을 적으시면 됩니다.

그리고 또 편지를 받으실 분이 은사이거나 아주 큰스님일 경우에는 '삼배(三拜)', '구배(九拜)' 이렇게 표현할 수도 있습니다. '○○○ 삼배', '○○○ 구배'

이렇게 보내는 사람 이름을 쓰고 끝에 덧붙여 쓰는

표현이라 했습니다. 다시 한번 정리하면 일반적으로는 '○○○ 화남', '○○○ 합장'을 쓰시면 되고요. 편지를 받으실 분이 은사 또는 아주 큰스님이시라면 '○○○ 삼배', '○○○ 구배'라고 쓰시라는 겁니다.

그다음으로 편지를 받는 쪽입니다. 받는 쪽에는 주로 '법하(法下)' 이렇게 쓰면 됩니다. 만일 도반들끼리라면 '○○○ 도반' 이렇게 쓰면 됩니다. 하지만 자신보다 높은 사람 또는 스님들께 보낼 때는 '○○○ 스님 법하(法下)', '○○절 주지 스님 법하(法下)' 이렇게 쓰면 되겠습니다. 여기까지 절에서 편지 봉투에 쓰는 예법입니다.

두 번째로 편지지 속으로 들어가서는 어떻게 쓰느냐?

맨 위에 쓰는 글이 중요합니다. 제일 첫 줄이 가장 중요합니다. 가장 첫 줄에 '귀의삼보 하옵고' 또는 '삼보에 귀의하옵고' 이렇게 쓰시거나, '불법승 삼보에 귀의하옵고' 이렇게 쓰셔도 됩니다. 이 세 가지가 다 똑같은 말입니다. 이 셋 중 하나를 골라서 제일 첫머리에 쓰면서 편지를 시작해야 합니다. 제가 여러 통의 편지를 가져왔는데, 모두 이 부분은 뭐 그런대로 잘 쓰신 거 같습니다.

그런데 귀의삼보 하옵고 그 위에는 아무 글도 안 쓰셔도 됩니다. 그 위에 보면 '○○ 스님에게' 이렇게 쓰신 분도 있는데 차라리 그 위에 말은 쓰지 않는 것이 좋습니다. 그냥 '삼보에 귀의하옵고' 또는 '귀의삼보 하옵고' 그걸로 족합니다. 굳이 위에 쓰자면 '무일 우학 스님에게'라고 하기는 좀 그렇습니다. '무일 우학 스님 법하'가 좋겠습니다. 법하라는 말은 귀하 대신 쓰는 말입니다. 봉투에 쓴 법하의 뜻도 귀하입니다.

편지지 안에도 '우학 스님 법하'를 쓰시거나, 옛날 표현으로 '우학 스님 전상서' 하시면 되겠습니다. 그렇게 쓴 뒤 '삼보에 귀의하옵고' 또는 '귀의삼보 하옵고', '불법승 삼보에 귀의하옵고' 이 셋 중 하나로 시작하십시오. 여기서 제가 '또는'이라고 말했어요. 이 세 가지를 다 쓰시라는 것이 아닙니다. 한꺼번에 다 쓰시는 것이 아니라 셋 중에 한 개만 골라서 쓰시면 됩니다.

'삼보에 귀의하옵고' 또는 '귀의삼보 하옵고' 또는 '불법승 삼보에 귀의하옵고'라고 쓰고 본문의 내용을 씁니다. 그리고 맨 끝에는 자기가 좋아하는 부처님 이름을 쓰면 됩니다. 예를 들면 '석가모니불, 석가모니불, 나무시아본사 석가모니불' 이렇게 해도 되고, '관세음보살, 관세음보살, 관세음보살' 이렇게 써도 됩니다. 또는 '나무관세음보살' 이렇게 써도 되고 또는 '나무마하반야바라밀' 이렇게 써도 됩니다. '나무마하반야바라밀', '나무관세음보살', '나무석가모니불' 이렇게 예경을 표현하는 것입니다.

편지를 시작하면서 썼던 '귀의삼보 하옵고'의 '귀의(歸依)'도 예경이고, 맨 마지막에 '나무 관세음보살' 또는 '관세음보살, 관세음보살, 관세음보살' 세 번 쓰는 것도 예경입니다. 귀의 및 예경입니다. 그래서 귀의, 예경으로 시작해서 귀의, 예경으로 끝내야 합니다. 그런 뒤에 불기(佛紀)로 날짜 표시를 하시면 됩니다. 올해(경자년, 서기 2020년)는 불기 2564년입니다. 이 불기 환산법(1)에 대해서는 후일에 또 말씀을 드리겠습니다.

아무튼 불교 달력으로 해서 2564년, 그리고 월(月)과 일(日)을 표시할 때는 양력 4월 1일이라고 양력을 써도 되고요. 음력 3월 9일이라고 써도 됩니다. 연도는 불기로 표현하시고 날짜는 양력이든 음력이든 본인이 쓰고 싶은 대로 쓰시면 됩니다.

  그런 뒤에는 ○○○가 보낸다는 말을 해야 하지 않습니까? 그것은 편지 봉투와 똑같이 쓰면 됩니다. ○○○ 합장, ○○○ 화남. 편지를 받을 사람이 은사일 경우에는 '구배'를 더러 많이 쓰기도 합니다. 저는 그것을 잘 몰랐는데 상좌들에게 받은 편지에 보니 그렇게 적혀 있었습니다. 스님 되려면 사미계를 받아야 하잖아요? 사미계를 받는 곳에 상좌들을 보냈더니 사미계 받는 절에서 본인들의 은사 스님께 편지를 보내는 행사가 있는 모양입니다. 거기서 보내온 편지를 보면 '은사 스님 구배' 이렇게 써 놨습니다. 구배(九拜)라 함은 9번 절을 올린다는 뜻입니다. 삼배(三拜)도 부족하고, 3 곱하기 3 그래서 '9배의 예를 올립니다' 이겁니다. 이렇게 하는 경우는 은사 아니면 아주 큰스님께 쓸 때 그렇게 쓰는 것입니다.

  또 하나 참고로 말씀드리자면 '법하(法下)'라고 하는 이 말 대신에 '예하(猊下)' 이렇게 쓸 수 있습니다. 봉투에도 '○○ 큰스님 법하' 이렇게 쓰고, 편지지 안에도 굳이 안 써도 되긴 하지만 맨 위에 '○○ 스님 법하' 쓰기도 한다 했습니다. 이 '법하(法下)'를 '예하(猊下)'라고도 쓸 수 있습니다. 여기서 예는 '사자 예(猊)'자입니다. 이는 사자의 울음소리가 일체 모든 동물들을 납작 엎드리게 하는 것처럼, 그 스님의 법문과 법력이 일체중생의 모든 번뇌 망상을 납작 엎드리게 한다는 그러한 의미로 이 사자 예(猊) 자를 써서 '예하(猊下)' 이렇게 쓰는 것입니다. 따라서 법하라고 쓰자니 나의 은사시라거나 혹은 큰스님이셔서 이 표현으로는 부족하다는 마음이 들면 예하를 쓰면 됩니다. '○○ 스님 예하', '종정(宗正) 스님 예하' 이렇게 쓰면 됩니다. 정리하자면 법하 대신 극존칭 해서 예하라고도 쓴다는 것입니다.

 그렇다면 절에서 쓰는 이 편지 예법을 어디에 적용해야 할 것인가, 누구에게 이 편지를 쓸 것이냐? 그렇게 생각할 수도 있습니다. 가장 먼저는 부처님께 편지 쓰기 한번 해 보십시오.

 '부처님 예하(猊下)' 하든지 '부처님 전상서' 이렇게 하고 '부처님' 또는 '부처님께 올립니다' 이렇게 해도 됩니다. 그렇게 해서 부처님께 올려놓은 편지는 차곡차곡 모으십시오. 일기 쓰듯이 모아 놓으면 또 다른 일기장이 되지 않습니까? 그러면 그것을 나중에 어디 사경 봉안하는 데나 부처님 봉안할 때 그때 "좀 넣어주십시오." 이러면 됩니다.

또 사경하실 때 맨 끝에 발원문 쓰지 않습니까? 부처님께 보내는 편지처럼 발원문을 써도 됩니다. 맨 위에 '부처님께 올립니다' 혹은 '부처님 전상서' 이렇게 하고, '부처님 그동안 잘 계셨습니까? 저는 ○○○입니다. 저는 요즘 신행 활동을 어떻게 하고 있고, 또 제가 요즘 당면한 문제가 이런 문젠데 부처님 좀 잘 보살펴 주십시오' 이렇게 쓰면 됩니다. 그저 솔직하게 쓰시면 가장 좋습니다. 그렇게 부처님께 편지를 쓰는 수가 있습니다.

두 번째는 스님들께 편지를 쓰는 수가 있습니다. 궁금한 것, 건의 사항, 감사해서 또는 안부를 전하고 싶을 때, 이렇게 스님들께 편지를 쓰시면 됩니다. 아까처럼 그런 형식에 준해서 편지를 쓰시면 스님들이 아주 흐뭇해하실 겁니다. '아, 이 보살은 참, 이 거사는 참 공부를 참

잘했구나' 이렇게 생각하실 겁니다.

 그다음으로 세 번째는 도반들끼리입니다. 도반들끼리는 '합장(合掌)' 이렇게 해도 됩니다. 'ㅇㅇㅇ 도반', 'ㅇㅇㅇ 법하' 이렇게 해도 됩니다. 그렇게 해서 우리 불자들은 불교 예법에 맞는 그런 편지를 도반들끼리라도 좀 썼으면 좋겠습니다.

 그렇다면 편지의 형태는 어떠하냐? 편지의 형태는 우리가 늘 쓰듯이 종이 편지입니다. 타자를 하더라도 종이에 하지 않습니까? 또 요즘은 SNS를 통해서도 더러 편지들이 많이 오고 갑니다. 그처럼 긴 편지가 아닌 간단한 쪽지 편지이더라도 불교 편지 형식을 좀 따르는 게 좋겠습니다. 그래서 맨 첫 줄에 '귀의삼보 하옵고' 부터 쓰고 본 내용을 쓰시면 좋겠습니다. 더욱이 각 사찰에서 공문을 보낼 때나, 도반들끼리 안부 인사할 때, 각 신행 단체에서 자기 회원들에게 연락을 할 때 등 불교식으로 편지를 보낼 때는 '귀의삼보 하옵고' 부터 시작하는 것이 좋습니다.

 다시 한번 말씀드립니다. 우리가 SNS를 통해 간단하

게 쪽지를 쓰거나, 편지를 보낼 때도 절 예법에 따라서 보내는 것을 권해 드립니다.

　그렇다면 우리가 어떤 사정에 의해서든 이렇게 편지를 쓰게 되면 어떤 득이 있겠는가? 즉, 이렇게 편지를 쓰면 어떤 효과가 있겠는가, 이러한 궁금증을 가질 수도 있습니다.

　첫째, 편지를 쓰다 보면 신심이 강해집니다. 편지를 한번 써 보십시오. 그러면 신심이 막 일어납니다. 신심을 고양하고 고취하는 데는 편지만 한 것이 없습니다.

　둘째, 편지를 쓰다 보면 친근감이 일어납니다. 스님이면 스님, 도반이면 도반, 편지를 쓰면 그 당사자와 좀 더 친밀해지는 기분이 듭니다. 부처님께도 '부처님 제가 이러이러한 사람입니다'라고 하면서 편지를 쓰면, 부처님과 교감이 일어납니다. 친근감이 생기는 것입니다.

　셋째, 편지를 쓰다 보면 심신이 안정됩니다. 편지를 이렇게 한 번 씀으로써 마음이 지극히 안정되는 것을 느낄 수 있습니다.

넷째, 편지를 쓰다 보면 성취 예감이 듭니다. 부처님이나 스님에게 '제가 이러이러한 일을 하고 싶습니다' 하다 보면 그 일이 정말 성취될 것 같은 그런 예감이 일어납니다.

다섯째, 편지를 쓰다 보면 지혜로워집니다. 우리가 일반적으로 편지를 쓸 때는 주로 모르는 것을 묻는 수가 많습니다. 본인의 질문을 정리하고 또 그에 대한 답변을 받다 보면 점점 지혜로워집니다.

이처럼 편지를 쓰면 여러 가지 좋은 점이 많습니다. 그러므로 불자라면 절 법도에 맞는 편지를 간간이 써 보는 것이 신행 활농을 더욱 열심히 하는 데에 도움이 되지 않을까 생각합니다. 혹시 신행 활동을 하시다가 궁금한 게 있으시면 지금까지 제가 쭉 말씀드린 예법에 맞추어 저에게 편지를 보내시면 됩니다. 그러면 제가 지금 하고 있는 이 생활법문 시간을 적당히 활용해서 성의껏 답변 드리도록 하겠습니다. 제가 10년을 기한하고 무문관에 있기 때문에 일일이 답장을 드리고 그러지는 못합니다.

그 점을 좀 이해해 주십시오. 대신에 제가 이 생활법문 시간을 통해 그 궁금증을 해소해 드리도록 노력을 하겠습니다.

여기 온 편지 가운데서 좀 안타까운 사연이 있습니다. 코로나에 걸려서 답답해하시는 그런 내용이었는데, 우리 유튜브 시청자께서 아마 자기 친척에 관련된 내용을 적은 것 같습니다. 비록 서로 얼굴이 보이지는 않지만 우리 유튜브 시청자들께서는 저를 중심으로 다 함께 이렇게 모였지 않습니까? 다 같이 모여서 법문을 듣고 신행활동을 하고 있는 것이니 우리는 이미 한 가족입니다.

우리는 '세계일화(世界一華)'라, '세계는 한 꽃이다' 그런 말을 자주 씁니다. 세계 사람들이 다 한 가족이라는 뜻이지요. 우리는 모두 다 한 가족이므로 이 분의 건강과 코로나 완쾌를 위해 모두 한마음으로 간절하게 관세음보살을 여러 번 외우면서 마치도록 하겠습니다.

"관세음보살 관세음보살 관세음보살…."

빨리 완쾌되시기를 진심으로 기도 축원 드립니다.

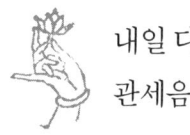 내일 다시 뵙겠습니다.
관세음보살

참고하시면 좋은 법문

(1) 불교는 몇 살인가(설법대전 5)

無一 우학
說法大典

32
불교식의 꿀잠 자는 법

2020. 04. 01. 세계명상센터 보은전

 관세음보살. 유튜브불교대학 시청자 여러분, 반갑습니다. 오늘은 '불교식 꿀잠 자는 법'에 대하여 말씀드리겠습니다.

얼마 전에 제가 편지를 하나 받았습니다.

"스님, 요즘 잠이 잘 안 와서 힘듭니다. 잠이 보약이라고 하는데, 이래서 될 일이 아닌 것 같습니다. 자려고 누워있으면 온갖 망상이 뒤끓습니다. 스님께서 요즘 생활법문을 해 주시니 그 시간에 특별히 불자로서 잘 자는 방법을 좀 가르쳐 주시면 좋겠습니다."

이런 내용의 편지였습니다. 단 한마디로 저는 이렇게 말씀드리고 싶습니다.

"잠에 너무 집착하지 말라."

불교에서는 오욕(五欲)이라 하여 다섯 가지 경계해야 할 욕심이 있다고 합니다. 저절로 내게 들어오는 것은 괜찮지만 너무 탐닉하는 것은 좋지 않은 것에 다섯 가지 있으니, 바로 재(財)·색(色)·식(食)·명(名)·수(睡)입니다. 재물욕, 이성욕, 식욕, 명예욕, 그리고 다섯 번째가 수면욕이라는 겁니다. 그러므로 잠, 수면에 너무 집착하지 않아도 됩니다. 잠을 좀 안 잔다고 해서 죽은 사람은 없답니다. 의학계에서도 잠을 못 자서 죽었다는 보고서는 아직 없었다고 합니다. 그저 조금 피곤할 뿐입니다.

그런데 우리는 잠이 좀 안 들면 누워서 끊임없이 '잠을 자야 하는데, 지금 잠 안 들면 큰일이다. 이제 몇 시간밖에 못 자는데, 아직까지 잠이 안 오네' 그렇게 스스로 망상에 또 망상을 보태고 조급해합니다. 그러면 교감 신경이 더 흥분해서 더욱더 잠이 오지 않습니다. 그러므로 잠을 기다릴 것이 아니라 잠이 자기 자신을 데려가도록 내버려 둬야 합니다. 잠이 자기를 데리러 오지 않으면 누웠는데도 눈이 말똥말똥하고 정신이 초롱초롱합니다. 그러면 벌떡 일어나서 그 길로 공부하십시오. 경전 공부하든지 마음공부, 참선, 기도를 하십시오.

옛날에 큰스님들은 잠 안 오는 것을 오히려 아주 복 있다고 생각했습니다.

"잠 안 자면 더 좋지. 공부할 수 있는 시간이 그만큼 많아지잖아. 잠을 많이 자면 공부 못 한다."

그런 얘기들을 많이들 하셨습니다. 우리가 잘 아는

성철 큰스님, 혜암 큰스님과 같은 큰스님들께서는 잠을 자지 말라고 노래를 하셨습니다.

그런데도 이 잠을 극복하기란 여간 힘든 일이 아닙니다. 일반 선방에서는 겨울 동안거 때 성도재일쯤 되면 대부분 7일 내지 3·7일, 즉 21일 동안 용맹정진합니다. 잠을 자지 않고 정진하는 것입니다. 잠을 자지 않고서 7일에서 길게 하는 곳은 21일까지 용맹정진을 하는데, 잠을 못 자면 참으로 고통스럽습니다. 어느 정도냐? 정진을 하다가 점심 공양을 한 뒤에는 한 3, 40분 포행을 합니다. 그런데 너무 졸리다 보니 포행 하는 그 시간에 그냥 눈밭에 가서 쿡 처박혀 잠을 자는 겁니다. 오후 정진에 들어갔는데 어떤 대중이 보이지 않으면 으레 '아, 이 스님이 지금 눈밭에 처박혀 있겠구나' 그렇게 생각하고 도량 주변을 찾아봅니다. 그러면 눈에 처박혀서 잠들어있는 대중을 찾을 수 있어요. 심지어 본인은 거기가 눈밭인 줄도 모르고 자고 있습니다.

그러니 잠은 억지로 초대할 것이 아니라 잠이 자기를 데려가 버리는 것이 상책입니다. 그래서 크게 생각해야 합니다. 잠이 안 오면 아예 '잠 안 자겠다. 오늘은 공부하는 날이다' 이렇게 생각해 버려야 합니다. 그러면 문제가 없습니다. 한 2, 3일 잠을 안 자면 그 뒤에는 잠이 옵니다. 그것을 '역설적 치유기법'이라 이렇게 말합니다. 저는 그 역설적 치유기법을 사용하는 것도 괜찮은 것 같습니다.

저도 얼마 전에 생체 리듬이 깨져서 그런지 잠이 잘 안 오는 것이었습니다. 마침 불교신문에서 23매 분량 정도 되는 특별 원고 청탁이 들어와서 그것을 써야 했던 참이었습니다. 잠이 안 오기에 '아이고, 뭐 잘 됐다. 잠도 잘 안 오는데 그냥 원고나 쓰자' 하면서 하루 날밤을 새며 원고를 썼더니 그다음 날은 잠이 잘 왔습니다. 그러니 잠 안 오는 것을 너무 걱정할 필요는 없습니다. 오히려 '오늘은 공부하는 날이다. 오늘 내게 공부 많이 하라고 시간이 주어졌다' 이렇게 좋게 생각하고 그냥 지나가면 됩니다.

너무 잠, 잠 하지 마십시오. 잠은 와도 좋고 안 와도 좋은 것입니다. 잠이 안 오면 공부해서 좋고, 잠이 오면

휴식해서 좋고 그렇지 않습니까? 잠에 대해서 너무 집착할 것은 못 된다, 그 말씀을 드립니다.

그랬더니 또 어떤 분들은 "아이고 스님, 그런 말씀 하시지 말고 진짜 잠 좀 자게 해 주십시오. 잠 좀 재워 주세요."라고 합니다. 그래서 언젠가 제가 잠 잘 자는 방법을 제시한 적이 있습니다. 잠에 집착할 것은 못 되지만 잠을 너무 못 자면 몸이 힘드니, 그 방법을 오늘 다시 전해 드리겠습니다.

이름하여 불교식 꿀잠 자는 방법입니다.

첫 번째로 내가 언제 자야겠다고 하는 그 잠드는 시간의 2시간 전에 108배를 하십시오. 천천히 108배를 하시면 몸은 조금 피곤해지고, 동시에 마음은 극히 이완됩니다. 잠들기 바로 직전에 운동을 하거나 절을 하게 되면 오히려 잠을 그르치는 수가 있습니다. 그러니 한 2시간 전에 절을 하시는 것이 좋습니다. 절을 한 뒤 2시간 정도 여유가 있지 않습니까? 그 시간에는 머리 쓰는 일을 좀 해야 합니다. 머리 쓰는 일이라 함은 책을 본다든가 또는 '무일 한자성어'의 한자성어를 좀 외운다거나, 영어 단

어를 외운다거나 하는 것을 말합니다. 아니면 일기를 쓰는 것도 좋습니다. 그러다 보면 머리가 조금 피곤해집니다. 그러면 깊은 잠을 자는 데 도움이 됩니다.

두 번째는 누워서 온몸을 나른하게 풀어놔야 합니다. 말미잘처럼 한다고 표현하기도 합니다. 어쨌든 몸을 완전히 풀어놓고 호흡관을 해야 합니다. 제가 얼마 전에 들숨 날숨 마음 챙기기, 즉 아나빠나사띠에 대해서 말씀을 드린 적이 있었습니다. 이것은 누워서 온몸을 나른하게 한 뒤에, 배가 불룩하게 하면 들숨입니다. 숨이 들어왔기 때문에 배가 불러지는 것입니다. 배가 불룩해질 때 '관세음' 하시고, 배가 이렇게 내려갈 때 '보살' 하십시오. 다시 배를 일으키면서 관세음, 배를 내리면서 보살 지극히 안정된 마음에서 모든 스트레스는 다 내려놓고 '관세음, 보살, 관세음, 보살' 하다 보면 저절로 잠이 스르르 옵니다.

이렇게 호흡관을 하는 방법이 있는가 하면, 세 번째 방법은 호흡관이 좀 번거롭다 싶은 분들을 위한 이야기입니다.

세 번째는 자신이 늘 독송하는 경전을 틀어놓고 가만히 누워 있는 것입니다.

금강경이나 천수경, 관음정근 등을 들으며 누워 있으라는 겁니다. 요즘은 수면 명상 음악이라 해서 많이 나와 있지만, 본인이 좋아하는 염불보다 더 좋은 명상 음악은 없습니다. 그러므로 금강경이든 관음정근이든 본인이 좋아하는 것을 틀어놓고, 온갖 망상을 다 내려놓고 거기에 집중하다 보면 어느새 저절로 잠이 옵니다. 그래도 잠이 잘 안 오면 신묘장구대다라니를 추천합니다. 신묘장구대다라니는 신경을 바짝 쓰지 않으면 놓치기 쉽습니다. 그렇다 보니 집중해서 아주 바쁘게 따라 하다 보면 금세 뇌가 피곤해집니다. 뇌가 피곤해지면서 저절로 잠이 드는 것입니다. 이미 잠에 빠졌다 하더라도 틀어놓은 영상은 30분이면 30분, 1시간이면 1시간, 그 음이 계속해서 재생되지 않습니까. 그러면 1시간 동안 CD나 유튜브가 재생되는 시간만큼 기도가 더 되는 것이므로 금상첨화입니다.

그렇게 잠든 후 다음 날 아침에 일어났는데 관세음보

살이 생각이 난다면, 그게 바로 오매일여(寤寐一如)라고 볼 수도 있습니다. 자나 깨나, 자면서도 기도가 된 것입니다. 관세음보살을 외운 사람이 아침에 일어났는데 여전히 관세음보살 정근의 여운이 남아있다면, 그것은 밤새도록 기도하며 잔 것이니 정말 행운을 잡은 것입니다. 잠도 자고 기도도 하고 일석이조의 효과를 본 것이라고 볼 수도 있습니다. 자면서 명상도 할 수 있는 것이 바로 경전을 듣거나 관음정근을 하면서 잠이 드는 것입니다. 이는 아주 좋은 방법입니다.

그다음으로 네 번째 방법입니다. 이는 꼭 불교인이 아니라도 할 수 있는 것입니다. 바로 우유를 한 잔 마시고 자는 것입니다. 우유 속에는 트립토판이라는 아미노산이 풍부하게 함유되어 있는데, 연구에 따르면 필수 아미노산의 일종인 트립토판은 세로토닌을 생성하고 멜라토닌을 합성하는데 주요 역할을 한다고 합니다. 세로토닌은 마음을 안정시키는 데 도움을 주는 호르몬이고, 멜라토닌은 수면을 유도하는 호르몬으로 잘 알려져 있습니다. 이런 호르몬들을 만드는 데 주요 역할을 하는 것이 트립토판이라는 것입니다. 그런데 이 트립토판이 특히 우유 속에 많다고 하니, 자기 전에 따뜻한 우유 한 컵을 마시면 수면 호르몬, 즉 멜라토닌이 생성되어서 수면 유도에 큰 도움이 된다는 사실입니다. 따라서 자기 전에 따뜻하게 데운 우유를 한 컵 드셔보십시오.

사실 저는 그것보다는 댓잎 차를 달여서 드시는 것을 권하고 싶습니다. 요즘 저도 즐겨 마시고 있는 댓잎 차는 심혈관 질환에도 좋고, 다 좋습니다. 한 3, 4년 전에는 한국불교대학 감포도량에 대나무가 거의 없었습니다. 그래서 산골짜기에 가서 조릿대를 찾아 그 잎을 따서, 그걸 달여 먹은 적도 있었습니다.

지금은 세계명상센터 부일선원 안에 대나무가 많습니다. 그 종류만도 일곱 종류나 됩니다. 나중에 혹시 오시게 되면 대나무 잎을 따 가시면 됩니다. 가져가셔서 그것을 잘 씻어서 말리신 후 달여 드시기 바랍니다. 그러면 잠도 잘 잘 수 있음은 물론이고, 다른 성인병도 예방하고 치료할 수 있습니다. 대나무 잎 중에서 제일 좋은 것은 오죽 잎입니다. 이곳 세계명상센터에는 오죽(烏竹)도 많이 심어났습니다. 나중에 세계명상센터에 오시면 그것도 좀 따서 가져가십시오.

추가로 몇 가지 더 말씀드리겠습니다. 비타민군, 특히 비타민D, 마그네슘 이런 것이 부족하면 잠이 잘 안 온다고 합니다. 그러니까 그러한 영양제를 좀 사서 챙겨 드시기 바랍니다. 또 음식으로써는 쌀겨, 다른 말로는 미강이라고 하는데 이 쌀눈이 불면증에 효과가 좋다고 합니다. 또 해조류 중에서 감태가 불면증에 좋다고 합니다. 그리고 상식적으로 많이 알려진 것으로 상추가 있습니다. 상추를 드셔도 좋습니다. 참고로 잠자기에 적당한 실내 온도는 한 22도 정도가 좋습니다. 온도를 그쯤으로 맞춰서 잠자는 환경을 잘 조성하는 것도 꿀잠 자는 데 도움이 될 것입니다.

이상 제가 지금까지 여러 가지 측면에서 다양하게 말씀드렸습니다. 제가 제시한 그대로만 하신다면 아마 저절로 잠이 데리러 올 겁니다.

제일 중요한 것은 방하착(放下着)입니다. 다 내려놓으라는 말입니다. 누워서 온갖 망상 일으키면 뭐 합니까?

아무 소용 없는 일입니다. 그냥 방하착 하십시오. 내일은 다시 내일 하면 됩니다. 지금까지 일어난 일은 그냥 다 과거지사 일이다, 그렇게 내버려 두고 그냥 잠자면 됩니다. '방하착, 다 내려놓자. 관세음보살이나 부르면서 그냥 자자' 그러면서 '관세음보살 관세음보살 관세음보살…' 하면서 잠을 청한다면, 분명히 깊은 꿀잠을 주무시게 될 겁니다.

오늘은 제가 불교식 꿀잠 자는 법에 대해서 말씀드렸습니다.

내일 다시 뵙겠습니다.
관세음보살

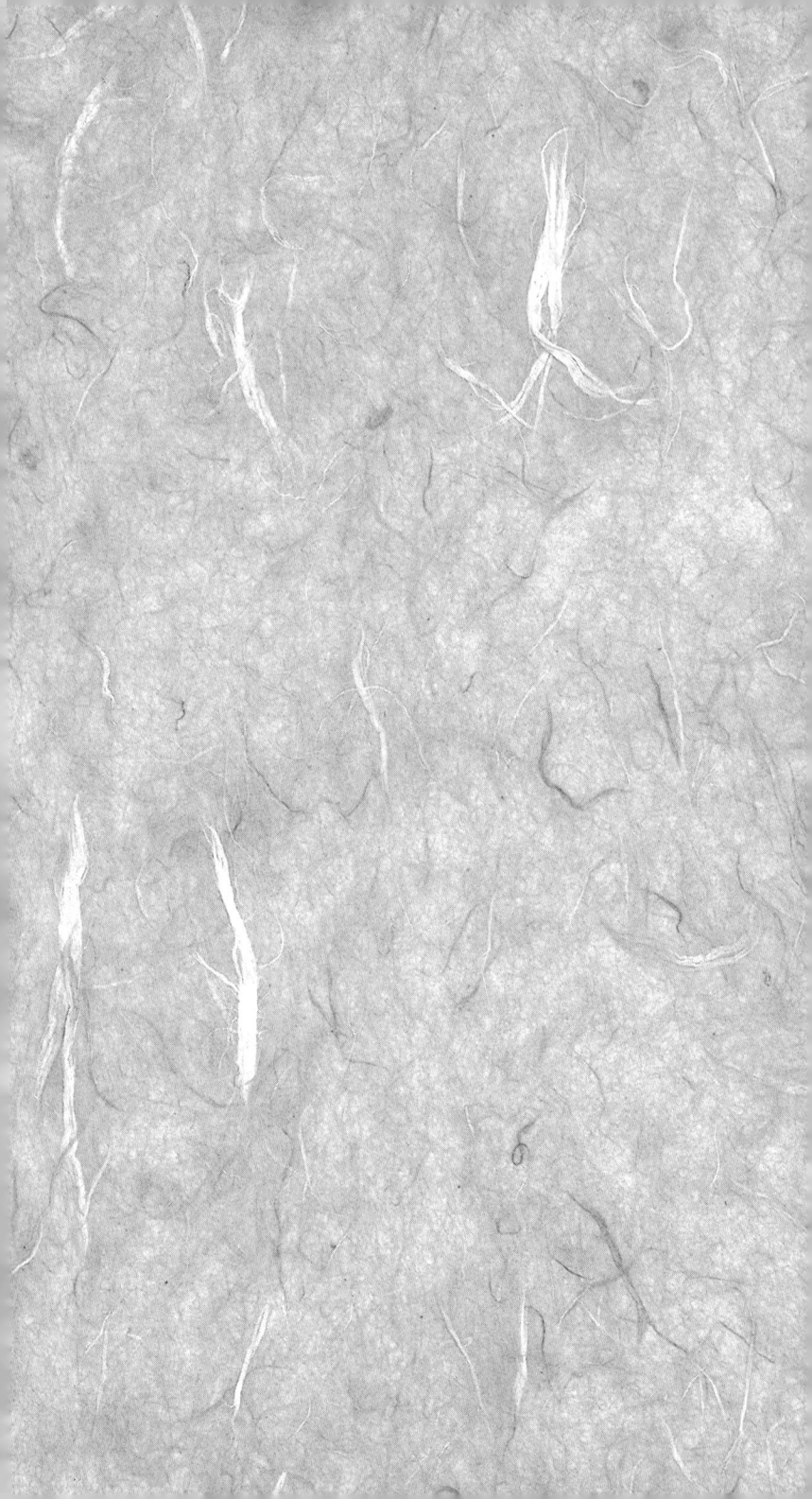

佛(불)
無一 우학 스님 作

無一우학 설법대전(2)

초판발행 2022년 1월 20일(불기 2566년)

저자 無一 우학 큰스님
녹취 이원정(세지)

펴낸곳
도서출판 좋은인연(한국불교대학 부속)
편집 / 김현미
등록 / 제4-88호
주소 / 대구시 남구 중앙대로 126
전화 / 053.475.3707, 6

가격 10,000원
ISBN 978-89-93040-53-1 (04220)

■ 잘못된 도서는 구입하신 곳 또는 도서를 증정받은 곳에서 교환해 드립니다.
■ 법보시 받습니다. 보시하신 책은 군법당, 교도소 등에 무료 배포됩니다.

대한불교조계종 한국불교대학 大관음사
홈페이지 / **한국불교대학**
다음카페 / **불교인드라망**
유튜브 / **유튜브불교대학, 비유디**